예비신자 교리서

사랑의 공동체

JN350601

예비신자 교리서
사랑의 공동체

초판 발행일 2018. 6. 25
1판 5쇄 2025. 5. 15

엮은이 노틀담 수녀회 교리교재 연구소
전례감수 김기태 사도 요한 신부(인천가톨릭대학 전례학 교수)
그림 마리 테레시타 수녀, 마리 루치아 수녀
사진 노틀담수녀회, 박미라(데레사)
펴낸이 서영주
총편집 황인수
편집 한재웅 **디자인·인쇄** 솜씨디자인

펴낸곳 성바오로
출판등록 7-93호 1992. 10. 6
주소 서울특별시 강북구 오현로7길 20(미아동)
취급처 성바오로보급소 **전화** 944-8300, 986-1361
팩스 986-1365 **통신판매** 945-2972
E-mail bookclub@paolo.net
인터넷 서점 www.**paolo**.kr
www.facebook.com/**stpaulskr**

값 13,000원
ISBN 978-89-8015-910-9
ISBN 978-89-8015-911-6 (세트)
교회인가 인천교구 2016. 10. 24 SSP 1062

성경·전례문 ⓒ 한국천주교중앙협의회

ⓒ 노틀담 수녀회, 2018

이 도서의 국립중앙도서관 출판시도서목록(CIP)은 서지정보유통지원시스템 홈페이지(http://seoji.nl.go.kr)와 국가자료공동목록시스템(http://www.nl.go.kr/kolisnet)에서 이용하실 수 있습니다. (CIP제어번호 : CIP2018018573)

> 이 책은 저작권법의 보호를 받으므로 무단전재와 무단복제를 금합니다.
> 이 책 내용의 전부 또는 일부를 재사용하려면 반드시 노틀담 수녀회와 성바오로출판사의 동의를 얻어야 합니다.

노틀담 수녀회

예비신자 교리서

사랑의 공동체

성바오로

노틀담 예비신자 교리서 활용

예비신자 여러분 반갑습니다!

좋으신 하느님의 자녀가 되기로 결심한 여러분들을 환영합니다.

기존의 예비신자 교리서는 가톨릭에 대해 모든 것이 생소한 예비신자들에게 낯설고 어렵다는 의견이 많았습니다. 따라서 쉽게 접근할 수 있고, 핵심을 담고 있으며, 배운 교리를 생활로 실천할 수 있는 교리서가 필요하다고 생각했습니다. 그래서 교육 수녀회인 노틀담 수녀회에서 만들어 많은 호응을 받고 있는 노틀담 첫영성체 교리서를 기본으로 성인용 예비신자 교리서를 준비했습니다. 노틀담 예비신자 교리서를 활용하는 방법은 아래와 같습니다.

1. 주제 그림

각 과 시작마다 다양한 방법으로 표현되어 있는 성화(Sr. 마리 테레시타, 노틀담수녀회)는 하느님의 사랑과 자비 그리고 각 과에서 설명하고 있는 주제를 좀 더 쉽고 감성적으로 접근할 수 있도록 도와줄 것입니다.

2. 핵심화된 교리

노틀담의 교리서는 교리를 글로 설명하고 있는 것이 아니라, 교리수업을 통해 교사에게 배운 내용을 예비신자 스스로가 교재에 적으면서 능동적으로 익혀 나갈 수 있게 하였습니다. 교재에는 잊지 말아야 할 핵심적인 내용만을 담아 꼭 기억할 수 있도록 하였습니다.

3. 활동

교리 시간을 통해 배운 지식을 다른 예비신자들과 나누고 생활 안에서 어떻게 실천할 것인지 스스로 결심함으로써 실천적인 교리가 되도록 하였습니다. 또한 나눔과 토론 외에 다양한 작업을 통해 교리를 마음속에 받아들이도록 하였습니다. 이 활동 시간으로 교리 지식이 심화될 것입니다.

4. 복습과 실천

새로운 교리를 배우고 익히는 과정에서 시간이 갈수록 양이 많아져 잊어버리기 쉽기 때문에 배운 교리를 집에서 다시 복습하면서 자신의 것이 되게 하였습니다. 이 복습은 간단한 퀴즈 형식으로 되어있어서 10분 정도 시간이 걸립니다. 또한 실천사항을 통해 교리를 생활로 살아가도록 하였습니다.

이 교재를 통해 좋으신 하느님을 알고, 사랑하고, 배운 바를 여러분 삶 안에서 나누는 가톨릭 신앙인으로 새로 나시길 저희도 함께 기도하겠습니다.

노틀담 교리교재 연구소

차례

노틀담 예비신자 교리서 활용

제 1 과	오, 좋으신 하느님	9
제 2 과	하느님과 우리를 이어 주는 기도	13
제 3 과	하늘나라 신비를 기념하는 미사	18
제 4 과	하느님의 말씀이 담긴 성경(聖經)	24
제 5 과	하느님 사랑으로 태어난 이 세상	28
제 6 과	하느님과의 약속을 어긴 첫 사람	32
제 7 과	하느님께서 해방시켜 주신 이스라엘 백성 Ⅰ	35
제 8 과	하느님께서 해방시켜 주신 이스라엘 백성 Ⅱ	39
제 9 과	하느님께서 우리에게 오신 성탄(聖誕)	43
제 10 과	예수님께서 보여 주신 하느님 나라	47
제 11 과	우리를 구원한 예수님의 십자가	52
제 12 과	우리는 믿습니다, 예수님의 부활	57
제 13 과	성령의 강림으로 드러난 교회(敎會)	61
제 14 과	교회 가족과 어머니이신 마리아	66
제 15 과	우리를 지켜 주는 십계명(十誡命)	70
제 16 과	예수님께서 주신 사랑의 계명	74
제 17 과	하느님 은총의 표지인 성사(聖事)	79
제 18 과	세례성사와 견진성사	83
제 19 과	성체성사와 선교	87
제 20 과	서로 화해시켜 주는 고해성사	91
제 21 과	혼인성사, 성품성사, 병자성사	95
제 22 과	한국 천주교회사	99
제 23 과	그리스도인의 권리와 의무	104

부록

전례력	109
알아봅시다 궁금합니다	118
과별 성인 성녀・위인 이야기	122
색인 과별 성경 구절	133
가톨릭 용어	134

제1과 오, 좋으신 하느님

학습목표
1. 하느님은 우리를 위해 사랑으로 모든 것을 내어 주시는 좋으신 분이심을 알 수 있다.
2. 삼위일체 하느님은 한 분이시지만 성부, 성자, 성령의 사랑의 공동체로 계심을 알 수 있다.
3. 하느님의 공동체를 닮아 우리의 공동체를 사랑할 수 있다.

" 모든 좋은 것의 근원이신 하느님 "

나의 좋은 점들
예 : 잘 들어 줌, 잘 웃어 줌, 친절함 등

좋은 것이 주는 느낌

사랑의 공동체 삼위일체 하느님

1. 하느님은 사랑이십니다 (1요한 4,16)

- 사랑은 혼자 할 수 있는가?
- "혼자 남은 그리스도인은 그리스도인이 아니다."
  (성(聖) 치프리아노)

그러므로 사랑이신 **하느님은 사랑을 주고받는 공동체**로 계시다

성자(Son)
사랑을 받으시는 분
세상을 구원하신 분
(구세주)

성부(Father)
사랑을 주시는 분
세상을 창조하신 분
(창조주)

성령(Spirit)
사랑을 이어 주시는 분
보호자이신 분

작가
안드레이 류블료프
(Andrei Rublev)
15세기 — 러시아

2. 삼위일체 하느님

- 세상을 창조한 성부
- 세상을 구원(죽음에서 생명으로) 하신 성자
- 세상을 성화시키시는 성령

그러므로 삼위일체 하느님은 한 분이시지만, 성부, 성자, 성령 삼위의 **공동체**로 계시다

3. 사랑의 삼위일체 하느님을 고백하는 기도 (성호경 배우기)

- 성부, 성자, 성령의 이름으로 나를 축복하는 기도
- 가장 짧고 단순하지만 삼위일체 하느님께 대한 나의 신앙을 고백하는 깊은 기도이며, 모든 기도와 일을 시작할 때와 마칠 때 바치는 기도
- 아멘 : "그렇게 되기를 바랍니다." 라는 말

"성부와 성자와 성령의 이름으로 아멘."

활동

1. 공동체란 무엇입니까?

2. 내가 속한 공동체는 어떤 것들이 있습니까?

3. 내가 속한 공동체에서 나의 좋은 점으로 하느님 사랑의 공동체를 어떻게 증거할 수 있습니까? 나의 공동체가 사랑의 공동체가 되기 위해서 내가 할 수 있는 노력은 무엇이 있을까요?

복습

1. 오늘 배운 것 중 가장 기억에 남고 중요하다고 생각하는 것을 적어 봅시다.

2. 문제가 설명하는 단어들을 교재에서 찾아 적어 보세요.

| "그렇게 되기를 바랍니다." 라는 말 | 하느님은 한 분이시나 삼위(성부, 성자, 성령)로 계시며 서로 사랑을 나누시는 공동체 |

| '죽음'에서 '생명'으로 이끌어 줌 | 삼위일체 하느님에 대한 신앙을 고백하며 십자가를 그으면서 바치는 기도 |

실천

가족 구성원의 좋은 점을 적고 칭찬해 봅시다.

1과 "궁금합니다"(118쪽)를 확인해 보세요.
1과 성인 : 성녀 율리아 빌리아르, 성 요한 보스코, 성 필립보 네리(122쪽)

제2과 하느님과 우리를 이어 주는 기도

학습목표

1. 기도는 하느님과의 대화로 듣는 자세가 중요함을 알 수 있다.
2. 하느님께서 바라시는 기도가 무엇인지 알 수 있다.
3. 감사하는 마음으로 꾸준히 기도할 수 있다.

좋은 만남을 위해 필요한 것

기도는 하느님과의 대화

1. 기도란?

- 하느님과의 대화
- 대화의 두 요소는?

기도는 **하느님과의 대화**로 듣는 **자세**가 중요하다.

2. 기도의 네 가지 내용

타인과의 대화	하느님과의 대화	기도 요소
새 옷이 정말 멋진데요. 어쩜 다른 사람의 말을 그렇게 잘 들어 주세요? 당신과 있으면 마음이 편해요.	▶	찬미
도와줘서 고마워요! 고민을 잘 들어 주셔서 고맙습니다. 꼭 필요한 것이었는데, 생일 선물 고마워요!	▶	감사
당신 입장을 헤아리지 못해 말을 심하게 했습니다. 죄송합니다. 당신의 말을 다 듣지 않고 섣불리 판단했습니다. 미안합니다.	▶	용서
부탁이 있는데, 들어주실 수 있나요? 저를 좀 도와주실래요? 나와 함께 있어 줄 수 있나요?	▶	청원

3. 기도의 자세

- 감사하는 마음을 표현
- 매일 꾸준한 기도
- 축복 : 하느님의 복이 내리기를 비는 행위

4. 기도의 종류

- 소리기도 : (자유기도, 화살기도 등) _____

_____

- 마음기도 : _____

_____

활동 1

'주님의 기도'를 교재(표지 뒷면)를 참고하여 직접 손으로 적어 봅시다.

활동 2

묵주기도 배우기 (교재 68쪽 참조)

복습

1. 오늘 배운 것 중 가장 기억에 남고 중요하다고 생각하는 것을 적어 봅시다.

2. 문제가 설명하는 단어들을 교재에서 찾아 적어 보세요.

| 하느님께서 사람과 사물을 호의적으로 돌보심 | 하느님과의 대화 | 화살처럼 짧게 쏘아 올리는 기도 |

실천

| 오늘부터 매일 할 기도를 표시하고 지향을 적어 보세요. (○표는 필수) |

	식사 전 기도	식사 후 기도	주님의 기도	성모송	영광송	아침기도	저녁기도
매일 할 기도	○	○	○				
확인 - 1일							
2일							
3일							
4일							
5일							
6일							
7일							

2과 "궁금합니다"(118쪽)를 확인해 보세요.
2과 성인 : 성 이냐시오, 성녀 대(大) 데레사, 성 도미니코(122쪽)

제3과 하늘나라 신비를 기념하는 미사

학습목표
1. 미사는 **하늘나라 신비**를 기념하는 **잔치**임을 알 수 있다.
2. 미사는 크게 두 부분, **말씀 전례**와 **성찬 전례**로 되어 있음을 알 수 있다.
3. **함께 드리는** 미사에 온 마음과 **적극적인 태도**로 참여할 수 있다.

가장 기억에 남는 초대는

미사의 뜻과 구성

제3과

1. 미사의 중요성

하느님 나라 신비를
기념하는 잔치이며
신앙 생활의 중심

2. 미사(Missa)의 의미와 뜻

의미 :
가톨릭의 거룩한 제사로
잔치의 형식이며
'파견하다'라는 뜻

3. 전례란?

하느님 백성이
하느님께 드리는
공적인 예배

4. 미사의 구성 : 전반부

어떤 장면인지 아래 보기에서 찾아 그림 오른쪽 란에 적어 보세요.

1. 시작 예식		2. 말씀 전례	
(사제와 신자들 사진)	성호경과 인사	(기도하는 모습)	
(사제 사진)		독서에 대한 응답	화답송
자기의 죄를 뉘우치며 "주님 저희를 불쌍히 여기소서."라고 주님께 자비를 청함		(신자들 사진)	
천사들의 찬미가 "하늘 높은 데서는 하느님께 영광, 땅에서는…"	대영광송	(사제 사진)	
(사제 사진)		(사제와 제대 사진)	
		"한 분이신 하느님을 저는 믿나이다…"	신앙 고백
		(독서하는 모습)	

보기	입당, 본기도, 참회와 자비송

보기	보편 지향 기도, 독서, 복음, 알렐루야, 강론

5. 미사의 구성 : 후반부

어떤 장면인지 아래 보기에서 찾아 그림 오른쪽 란에 적어 보세요.

3. 성찬 전례		4. 마침 예식	
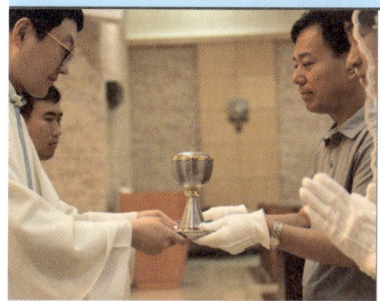			
하느님 아버지께 감사를 드리고 "거룩하시도다"를 노래함	감사 기도		
	성령 청원		
		예수님의 사랑을 나누기 위해 세상에 보내어짐	파견
"하늘에 계신 우리 아버지 …"	주님의 기도		

| 보기 | 영성체, 거양성체, 봉헌, 평화 예식 | 보기 | 퇴장, 강복 |

활동 1

- 전례에 적극적으로 참여하기

- 예의를 갖춘 복장

- 몸과 마음을 준비하기

- 성가로 주님을 찬미함

활동 2

미사에 참례하는 나의 태도를 이렇게 변화시키겠습니다.

복습

1. 오늘 배운 것 중 가장 기억에 남고 중요하다고 생각하는 것을 적어 봅시다.

2. 문제가 설명하는 단어들을 교재에서 찾아 적어 보세요.

가톨릭의 거룩한 제사	하느님의 말씀을 듣고 받아들이는 부분
빵과 포도주를 성체와 성혈로 축성하고 받아 모시는 부분	하느님께서 복을 내리심
임무를 맡겨 세상에 보냄	하느님 백성이 하느님께 드리는 공적 예배

실천

아직 세례 전이지만 주일 미사뿐 아니라 평일 미사도 자주 참례하는 습관을 들입시다.

	주일 미사	월요일	화요일	수요일	목요일	금요일	토요일
미사 시간							
미사 참례							

우리 본당의 미사 시간을 적어 보고 미사 참례 여부를 표시합니다.

3과 "궁금합니다"(118쪽)를 확인해 보세요.
3과 성인 : 성 요한 크리소스토모, 성 알폰소, 성녀 비르지타(123쪽)

제4과 하느님의 말씀이 담긴 성경(聖經)

학습목표
1. 성경은 **하느님의 가르침**이 담긴 **거룩한 책임**을 알 수 있다.
2. 성경은 **구약**과 **신약**으로 되어 있음을 알 수 있다.
3. 성경을 **경건**하고 소중하게 다루며, **자주 읽는 것**을 실천할 수 있다.

다음 그림들에 공통적으로 들어가는 한 글자는?

   ▶

성경의 구성과 내용

1. 성경(聖經)이란?

- 하느님의 가르침이 담긴 **거룩한 책**

- 성경의 저자?

2. 구약(舊約)과 신약(新約)

- **구약** : 하느님께서 이스라엘 백성과 맺으신 계약, 46권

- **신약** : 하느님께서 모든 백성과 맺으신 계약, 27권

- **기원전**(BC: Before Christ)과 **기원후**(AD: Anno Domini)의 차이

3. 신·구약에 담긴 책들

- 구약에 담긴 책들

- 신약에 담긴 책들

- **복음(福音)**: 기쁜 소식, 예수님께서 전해 주신 하느님의 말씀

- 복음서의 종류?

4. 성경이 말하는 내용

5. 성경 장절의 표기법

- 창세기 1장 1절 : 창세 1,1
- 탈출기 2장 1절에서 10절 : 탈출 2,1-10
- 마태오 복음 5장 3절에서10절, 13절에서 16절 : 마태 5, 3-10.13-16

6. 성경 구절 찾기 연습

신명기 6장 5절 (신명 6,5)

너희는 _____ 다하고 _____ 다하고 _____ 다하여

주 너희 _____ 사랑해야 한다.

요한 13장 34절 (요한 13,34)

_____

7. 성경을 대하는 우리의 태도

성경을 _____ 다룬다.

성경을 읽기 전 _____께 기도한다.

성경을 _____ 읽는다.

성경을 읽기 전 기도

주님,
성령의 빛으로
저희 귀를 여시어
생명의 말씀을
듣게 하소서.
아멘.

성경을 읽은 후 기도

주님,
저희가 읽은
성경 말씀으로
언제나
평화와 기쁨을
누리게 하소서. 아멘.

복습

1. 오늘 배운 것 중 가장 기억에 남고 중요하다고 생각하는 것을 적어 봅시다.

2. 다음 문장을 읽고 ㅇ, × 로 표시해 보세요.

성경은 하느님의 말씀이 담긴 거룩한 책이며 하느님의 사랑이 담긴 편지이다.

하느님과 이스라엘 백성 사이에 맺은 '옛 계약'은 신약이다.

예수님을 통하여 하느님과 온 인류가 맺은 '새 계약'은 구약이다.

복음은 기쁜 소식, 예수님께서 전해 주신 하느님 말씀이다.

실천

이번 주일 복음을 성경을 통해 미리 읽고 마음에 와 닿은 구절을 적어 봅시다.

4과 "궁금합니다"(118쪽)를 확인해 보세요.
4과 성인 : 성 마태오, 성 마르코, 성 루카, 성 요한(123쪽)

제**5**과 하느님 사랑으로 태어난 이 세상

학습목표
1. 삼위일체 하느님의 충만한 사랑으로 이 세상과 우리가 만들어졌음을 알 수 있다.
2. 사람은 하느님의 모습대로 가장 고귀하게 만들어졌음을 알 수 있다.
3. 우리가 받은 모든 것은 하느님의 선물이기에 감사하며 책임감을 가질 수 있다.

그림을 보고 느낌을 적어 보세요

천지 창조

1. 창조 이야기 : 창세 1,1-2,4 읽기

- 하느님께서 당신 말씀으로 세상을 만드심

- 일곱째 날의 의미

2. 하느님의 모습대로 만들어진 우리

- 창조주와 창조물(피조물)

- 하느님을 닮은 우리 : 생각, 선택, 사랑, 공동체

- 고귀한 존재인 사람 : _____

3. 신·구약에 담긴 책들

- "하느님께서 보시니 좋았다." (창세 1,4.10.12.18.21.25.31) : 7의 의미

- "땅을 지배하고 생물을 다스려라." (창세 1,28)

⇒ 모든 것은 하느님의 선물이므로 이에 감사하며 책임감을 느껴야 함

활동

받은 선물에 대한 책임을 토론 하기 : 음식물, 물, 세제, 나 자신, 이웃들

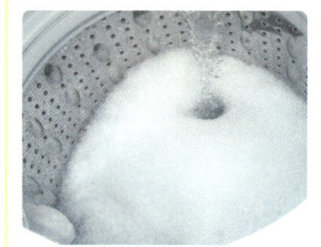

복습

1. 오늘 배운 것 중 가장 기억에 남고 중요하다고 생각하는 것을 적어 봅시다.

2. 다음 구절을 성경에서 찾아 적어 보세요.

① 창세 1,1 : _____ .

① 창세 1,26 : 하느님께서 말씀하셨다. "_____ ."

① 창세 1,31 : _____ . 저녁이 되고 아침이 되니 엿샛날이 지났다.

실천

'하느님께서 보시니 좋았던 세상'을 되살리기 위한 나의 노력을 적어 봅시다.

5과 "궁금합니다"(118쪽)를 확인해 보세요.
5과 성인 : 성녀 힐데가르트, 성 프란치스코, 성 이시도로(124쪽)

제 **6** 과 하느님과의 약속을 어긴 첫 사람

학습목표
1. 교만으로 사람이 죄를 지어 이 세상에 악과 죽음이 왔음을 알 수 있다.
2. 하느님께서는 사람을 여전히 사랑하시어 구세주를 보내 주시기로 약속하셨음을 알 수 있다.
3. 나는 하느님께 받은 자유로 선(善)을 선택하고 행동할 수 있다.

아래 동화를 함께 읽어 봅시다

아하에게

나는 하루 중에
너에게 갈 때가 제일 기뻐.
내가 먹이를 주려고 네게 다가가면
너는 꼬리를 흔들면서 다가오지.
너에게 하루 동안 있었던 일을 이야기하면
너는 눈을 끔벅이며 듣고 있지.
하지만 어떨 땐 불안해
네가 연못 밖으로 나올까 봐.
나는 네가 얼마나 바깥세상을
보고 싶어 하는지 알기에
네가 물 밖으로 나올까 봐 걱정이 돼.
우리 '약속' 하나 할까?
네가 모든 것을 다 해도 괜찮아
하지만 절대 물 밖으로 나와서는 안 돼.

원죄(原罪)

1. 하느님의 선물

- 에덴 동산 (창세 2,8-9) : 하느님의 은총이 풍부한 장소

- 선악과 (창세 2,15-17)의 의미 : 존재의 질서
    → 우리를 사랑하시어 우리가 하느님과 함께 영원히 살도록 하기 위한 명령

2. 뱀의 유혹과 사람의 범죄 (창세 3,1-7)

- 뱀 : _____

- 여자의 대답

- 사람이 열매를 따 먹은 이유 : **교만**
    → 교만 때문에 하느님께서 주신 자유를 잘못 사용하여 하느님과의 약속을 깨트림 : **원죄**

3. 하느님의 심판과 구세주를 약속하심 (창세 3,8-15.19)

- 뱀이 받는 벌의 의미 : 악의 멸망
    → 원복음 : 구세주의 예고

- 사람이 받는 벌 "너는 먼지이니 먼지로 돌아가리라." (창세 3,19) :
    → _____

- **구세주를 보내 주심에 대한 약속** : 구세주란 우리를 구원해 주시는 분 또는 우리를 살려 주시는 분

4. 자유로이 선(善)을 선택함

- 자유 : 하느님께서 원하시는 것(善)을 내가 선택하여 행하는 것

- 양심 : 하느님께서 현존의 장소로서 선과 악을 식별하는 마음

활동

토론을 통해 느낀 점과 앞으로 양심에 따라 행동하려는 나의 결심을 적어 보세요.

복습

1. 오늘 배운 것 중 가장 기억에 남고 중요하다고 생각하는 것을 적어 봅시다.

2. 다음 단어의 뜻을 교재에서 찾아 적어 보세요.

구세주	양심

원죄	자유

실천

일상에서 나의 선택들이 하느님 뜻에 맞는지를 멈추어 생각하고 선택하도록 노력해 봅시다.

6과 "궁금합니다"(118쪽)를 확인해 보세요.
6과 성인 : 성 막시밀리아노 콜베, 안중근 토마스(위인), 성 안셀모(124쪽)

제 7 과 하느님께서 해방시켜 주신 이스라엘 백성 Ⅰ

학습목표
1. 하느님께서는 **아브라함**을 통하여 **이스라엘 백성**을 부르시고 축복해 주셨음을 알 수 있다.
2. 하느님께서는 **모세**를 통하여 이스라엘 백성을 **이집트**에서 구해 내셨음을 알 수 있다.
3. 나의 **좋지 않은 모습**을 알고, 이것에서 **벗어나도록** 노력할 수 있다.

" 하느님 말씀을 따라 이스라엘 백성이 걸어간 길 "

아브라함이 걸어간 길을 ──→ 로,
이스라엘 백성들이 이집트에서 빠져나간 길을 ──→ 로 각각 표시해 보세요.

아브라함과 후손들

1. 믿음의 조상, 아브라함

- 순박한 믿음을 가진 아브라함

- 바뀐 이름의 의미

2. 하느님의 부르심을 받은 아브라함 (창세 12,1-5)

- 아브람에게 길을 떠나라고 하신 하느님

- 아브람의 응답

3. 아브라함의 후손들

```
          아브라함
             │
           이사악
             │
       ┌─────┴─────┐
      에사우        야곱
                    │
  ┌──────┬──────┬──────┬──────┬──────┐
 르우벤  시메온   레위   유다★  이사카르 즈불룬
  단    납탈리   아세르   가드   요셉   벤야민
```

BC 1850
성조시대
아브라함

↓

이사악

↓

에사우, 야곱

↓

12아들

↓

BC 1250
이집트 탈출

4. 모세 & 이스라엘 백성의 탈출

- 모세 이야기 : 모세의 탄생 (탈출 2,1-10), 모세의 소명 (탈출 3,1-12)

- 마지막 열 번째 재앙 : 이집트의 모든 맏아들과 맏배의 죽음 (탈출 12, 29-36)

- 이스라엘인들이 갈대 바다(홍해)를 건너다

" 하느님께서
모세를 통하여
이스라엘 백성을
이집트에서
구해 내시다 "

5. 파스카(Pascha)와 해방

- 파스카(Pascha, Pass over) : 거르고 지나가다

- 해방 : 묶인 것에서 풀려나다, 몸과 마음의 자유

복습

> 1. 오늘 배운 것 중 가장 기억에 남고 중요하다고 생각하는 것을 적어 봅시다.

> 2. 문제가 설명하는 단어들을 교재에서 찾아 적어 보세요.

이스라엘 민족의 조상임과 동시에
믿음의 조상이라고 불리는 인물은?

이사악의 아들로 '이스라엘'이라는 이름을
하느님께로부터 받은 사람은 누구입니까?

하느님께서는 누구를 통하여
이스라엘 백성을 이집트에서 구하셨나요?

'건너 지나가다'라는 뜻으로 해방되었음을
의미하는 단어는 무엇입니까?

실천

> 나 자신을 속박하고 있는 마음의 어두움은 어떤 것이 있습니까?
> 그것에서 해방될 수 있도록 하느님께 간절히 기도를 드립시다.

7과 "궁금합니다"(119쪽)를 확인해 보세요.
7/8과 성인 : 성녀 잔 다르크, 성 여호수아, 넬슨 만델라(위인)(125쪽)

제8과 하느님께서 해방시켜 주신 이스라엘 백성 Ⅱ

학습목표

1. 하느님께서는 판관들에게 성령의 카리스마를 선사함으로써 이스라엘을 위험에서 구해 주셨음을 알 수 있다.
2. 다윗을 통해 인간이 가진 한계를 알게 되고, 다시 하느님의 뜻을 찾는 것이 중요함을 알 수 있다.
3. 인류에게 공정과 정의가 넘치는 평화의 왕국을 선사할 메시아를 우리도 기다릴 수 있다.

성경에서 40이란 숫자가 지니는 의미

이집트 탈출 후 이스라엘의 역사

1. 판관 시대 (BC 1250-1000)

- 판관 : 이스라엘 위기의 순간에 하느님께서 파견하신 지도자
  지도력의 특성은 바로 영으로부터 오는 카리스마

- 나지르인 삼손 이야기 (판관 16,4-30)

2. 왕정 시대 (BC 1000-587)

- 하느님의 직접 통치를 반대하며 왕을 세우기를 원하는 이스라엘
  (1사무 8,1-22) : 이스라엘의 첫 번째 임금 사울(1사무 9,1-27)

- 이스라엘의 가장 위대한 임금 다윗 이야기
  다윗을 선택하신 하느님 (1사무 16,1-13)
  사울을 섬기는 다윗 (1사무 16,14-23)
  다윗과 골리앗 (1사무 17,12-54)
  다윗의 잘못 (2사무 11,1-27)

- 다윗 이후 하느님의 뜻에 반하는 행동을 하는 이스라엘의 임금들

- 이스라엘의 분열 : 북이스라엘과 남유다

- 이스라엘의 멸망 : 북이스라엘 (721), 남유다 (587)

3. 유배 시대 (BC 587-538)

- 유배 시대의 시작 : 바빌론 제국으로 유배됨

- 구세주의 예고 : 이사 42,1-4 ; 50,4-7

4. 구세주를 고대함 (BC 538-0)

- 유배에서 돌아와 성전을 재건함

- 그리스와 로마 치하 : 모진 박해 속에서도 희망을 잃지 않고 구세주를 고대함

- 참평화와 공정과 정의를 가져다주실 구세주(이사 11,1-9 ; 42,1-4)

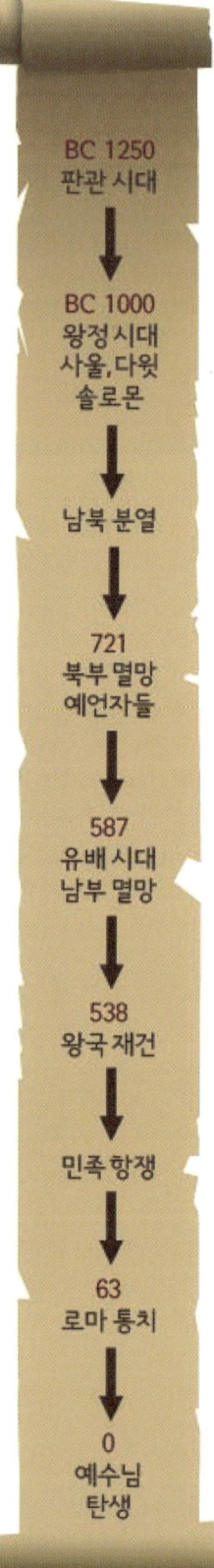

활동 1

2사무 12,1-15 조별 토의

1. 다윗이 나탄의 비유를 자신의 이야기로 듣지 않은 이유가 무엇일까요?

2. 나탄의 꾸짖음을 들은 다윗의 마음은 어떠했을까요?

활동 2

이사 11, 1-9 조별 토의

1. 성경에 나타난 평화의 왕국은 어떤 느낌을 줍니까?

2. 우리는 평화로운 세상을 유지하기 위해 무엇을 할 수 있는지 적고 실천해 봅시다.

복습

1. 오늘 배운 것 중 가장 기억에 남고 중요하다고 생각하는 것을 적어 봅시다.

2. 다음 문제를 읽고 미로를 따라가서 해당하는 숫자에 답을 적으세요.

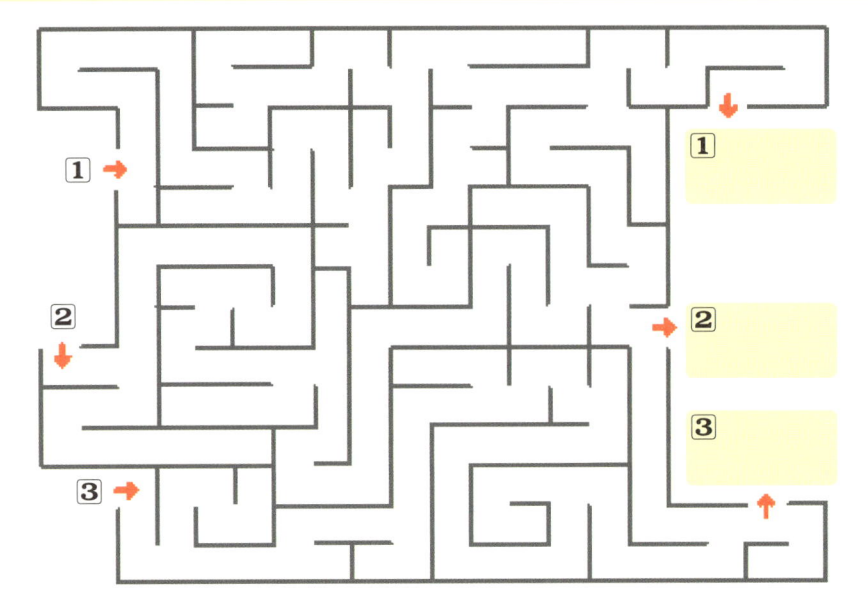

1 성령께서 베푸시는 특별한 은혜. (미로를 따라가서 1번 빈칸에 답을 적으세요.)
2 이스라엘의 두 번째 왕으로, 자기 부하의 아내를 탐함으로써 죄를 지었지만 뉘우쳐 돌아와 위대한 왕으로 기록된 사람. (미로를 따라가서 2번 빈칸에 답을 적으세요.)
3 이스라엘 백성은 유배 시대를 거쳐 로마의 박해 속에서도 □□□를 간절히 고대하였습니다. (미로를 따라가서 3번 빈칸에 답을 적으세요.)

실천

다윗에게서 본받을 점을 생각해 보고, 실천해 봅시다.

8과 "궁금합니다"(119쪽)를 확인해 보세요.
7/8과 성인 : 성녀 잔 다르크, 성 여호수아, 넬슨 만델라(위인)(125쪽)

제 9 과 하느님께서 우리에게 오신 성탄(聖誕)

학습목표
1. 성탄은 하느님께서 우리를 사랑하셔서 사람이 되어 오신 날임을 알 수 있다.
2. 마리아는 겸손과 순명으로 예수님을 잉태하셨음을 알 수 있다.
3. 성탄의 참된 뜻을 알고 이웃과 사랑을 나눌 수 있다.

성탄(聖誕, Christmas)이란 말의 의미

예수님의 탄생

1. 하느님의 약속

- '성부' 하느님과 똑같으신 '성자'를 '성령'을 통하여 우리에게 주시기로 하심

2. 마리아와 요셉의 응답 (루카 1,26-38 ; 마태 1,18-25)

은총이 가득하신 마리아여 기뻐하여라 주님께서 너와 함께 계신다.

이제 네가 잉태하여 아들을 낳을 터이니 그 이름을 예수라 하여라.

하느님께는 _____.

몹시 놀라며 그 말이 무슨 뜻인지 곰곰이 생각함

저는 남자를 알지 못하는데 어떻게 그런 일이 있을 수 있겠습니까?

저는 _____ 말씀하신 대로 저에게 이루어지기를 바랍니다.

- 마리아는 **겸손과 순명**으로 예수님을 잉태하셨기에 **신앙인의 모범이 되심**

- 순명: 말씀을 어기지 않고 그대로 행하는 것, 순명의 모범이 되신 마리아와 요셉

- 요셉도 의로운 사람이었고, 구세주를 고대하던 이였기에 하늘의 뜻을 받아들이고 예수님의 양부가 됨

3. 예수님의 탄생 (루카 2,4-14)

- 구유에 태어나신 예수님 : 당신의 것을 모두 버리시고 겸손하게 자신을 낮추심.
  겸손 (자신을 낮추며, 있는 그대로의 자신을 보여 주는 것)

- 첫 증인이 된 양치는 목자들

- 세 동방 박사의 선물 : 황금, 유향, 몰약

활동

1. 여러분에게 가난은 어떤 의미로 다가옵니까?

2. 예수님께서 기꺼이 취하신 가난이 내게 어떤 의미로 다가옵니까?

3. 나도 이제 가난을 하느님께서 거처하시는 빈 공간으로 받아들일 수 있습니까?

4. 나는 어떤 가난을 기쁘게 받아들일 수 있을까요?

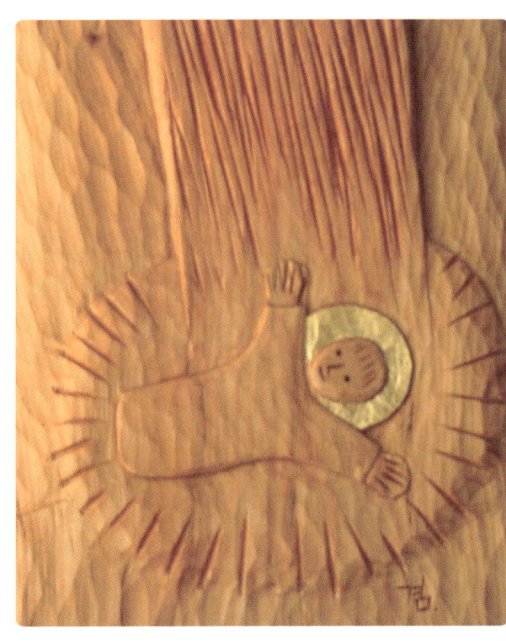

"보아라, 동정녀가 잉태하여 아들을 낳으리니
그 이름을 임마누엘이라고 하리라."
임마누엘은 번역하면
'하느님께서 우리와 함께 계시다.'는 뜻이다.

(마태 1,23)

복습

1. 오늘 배운 것 중 가장 기억에 남고 중요하다고 생각하는 것을 적어 봅시다.

2. 다음 단어의 의미를 찾아 연결하세요.

성탄(聖誕) ●   ● 자신을 낮추며 있는 그대로의 자신을 보여 주는 것

크리스마스(Christmas) ●   ● 말씀을 어기지 않고 그대로 행하는 것

겸손(謙遜) ●   ● 예수님께서 태어나신 날 12월 25일

순명(順命) ●   ● 그리스도의 미사

실천

한 주간 동안 아기 예수님을 닮아 겸손하게 살기 위한 나의 노력을 적고 실천해 봅시다.

9과 "궁금합니다"(119쪽)를 확인해 보세요.
9과 성인 : 성 요셉, 성 니콜라오, 동방 박사(125쪽)

제10과 예수님께서 보여 주신 하느님 나라

학습목표
1. 예수님께서는 말씀과 행동으로 하느님 나라를 보여 주셨음을 알 수 있다.
2. 하느님 나라는 사랑과 정의가 넘치는 행복한 나라임을 알 수 있다.
3. 나도 예수님을 따라 하느님 나라가 이 땅에 오도록 노력할 수 있다.

예수님의 유년 시절의 모습을 보여 주는 성경 구절을 찾아 적어 보세요.
(루카 2,51)

예수님의 공생활

1. 예수님의 공생활

- 예수님의 세례 : 공생활의 시작
- 예수님께서는 성령 안에서 성부 하느님 아버지와 일치하여 모든 일을 해 나가심
  : 성부, 성자, 성령은 항상 함께 계시며 인류 구원의 역사를 이루어 가심

- **예수님께서는 말씀과 행적으로 하느님 나라를 선포하심**
- **복음**(福音) — 하느님 나라에 대한 기쁜 소식
  — 말씀 : 루카 6,20-23
  — 행적 : 요한 2,1-12   마르 2,1-12   마태 8,28-34   루카 19,1-10

카나의 혼인 잔치
요한 2, 1-12

중풍 병자를 고치심
마르 2, 1-12

마귀들과 돼지 떼
마태 8, 28-34

제자들을 부르심
루카 5, 1-11

예수님의 세례
마르 1, 9-11

자캐오 이야기
루카 19, 1-10

- 공동체의 힘을 보여 주는 중풍 병자의 치유 이야기 (마르 2, 1-12)
  : 가톨릭의 구원은 개인의 구원만이 아니라 공동체의 구원을 지향

- 열두 **사도**(보내진 사람, 파견된 사람)를 뽑으시고(마르 3,13-19) 파견하심(마르 6,7-13)
  : 베드로, 안드레아, (대)야고보, 요한, 필립보, 바르톨로메오, 마태오, 토마스,
  (소)야고보, 타대오, 시몬, 유다 이스카리옷

2. 예수님께서 보여 주신 하느님 나라

- 말씀과 행동으로 하느님 나라를 보여 주신 예수님

- **하느님 나라는 하느님께서 다스리는 나라, 천국**
  : '사랑'과 '정의'가 넘치는
  삼위일체 하느님 공동체의 나라,
  영원한 생명과 행복이 있는 나라

호박씨 와 겨자씨

- "하느님의 나라는 너희 가운데 있다." (루카 17,21)

3. 하느님 나라 행복으로 초대받음

- 행동과 삶으로 하느님 나라를 보여 주신 예수님
  : 사랑과 정의 — 소외되고 가난한 이, 억압받는 이들을 돌보심

- 하느님 나라는
  　　　예수님과 함께 시작되었고,
  　　　　　지금 우리 안에 있으며,
  　　　　　　　세상 마지막 날에 완성될 것 (Already but not yet!)

활동

하느님 나라 행복으로 초대받은 우리

말씀 선포

소경 치유

착한 목자

예수님처럼 말씀을 선포하고, 소외된 이들과 함께하며, 불의에 맞서는 사람들

복습

1. 오늘 배운 것 중 가장 기억에 남고 중요하다고 생각하는 것을 적어 봅시다.

2. 단어들을 읽고 설명을 교재에서 찾아 쓰세요.

하느님 나라

사도(使徒)

복음(福音)

실천

사랑과 정의가 넘치는 하느님의 나라를 지금 여기에서 이루기 위해
내가 할 수 있는 일을 생각하고 실천해 봅시다.

10과 "궁금합니다"(119쪽)를 확인해 보세요.
10과 성인 : 성 베드로, 성 안드레아, 성 (대(大))야고보, 성 필립보, 성 바르톨로메오, 성 토마스, 성 (소(小))야고보, 성 타대오, 성 시몬, 성 마티아(126쪽)

제11과 우리를 구원한 예수님의 십자가

학습목표
1. 예수님께서 우리에게 하느님 나라를 선물하시기 위해 고난을 받으셨음을 알 수 있다.
2. 성부와 성령께서는 십자가 위에서 고통받으시는 예수님과 함께하셨음을 알 수 있다.
3. 나의 고통과 어려움을 예수님의 수난과 하나 되어 바칠 수 있다.

고통(苦痛)

예수님의 수난과 죽음

겟세마니 동산에서 기도하심

"그러나 제 뜻이 아니라
_____ "
(루카 22,42)

"십자가에 못 박으시오!"
(루카 23,21)

사형 선고 받으심

첫 번째 넘어지심

"그분께 침을 뱉고 갈대를 빼앗아
그분의 머리를 때렸다."
(마태 27,30)

'지나가는 어떤 사람에게 강제로
예수님의 십자가를 지게 하였다.
그는 키레네 사람 시몬으로…'
(마르 15,21)

시몬의 도움을 받으심

'예수님 때문에 가슴을 치며
통곡하는 여자들도 있었다.'
(루카 23,27)

베로니카, 얼굴을 닦아 드림

"아버지, 저들을 용서해 주십시오.
_____
_____"
(루카 23,34)

십자가에 못 박히심

"참으로 이 사람은 하느님의 아드님이셨다."
(마르 15,39)

십자가 위에서 돌아가심

'시신을 내려 아마포로 감싼 다음,
바위를 깎아 만든 무덤에 모셨다.'
(루카 23,53)

무덤에 묻히심

" 우리에게 하느님 나라를
선물하시기 위하여 고난을 받으시고
돌아가신 예수 그리스도 "

2. 삼위일체 사랑의 표지인 십자가

- 성부와 성령께서는 십자가 위에서 고통받으시는 예수님과 함께하심

- 십자가는 우리를 위하여 돌아가신 예수님을 상징하는 **구원의 표지**이며 그리스도인의 **신앙의 표지**

3. 예수님의 고통과 하나 되기

- 내가 짊어져야 할 십자가 : 예) 원망, 자신에 대한 지나친 기대와 실망, 이기적인 마음, 병고와 고통

- 아무 죄도 없는 예수님께서 우리를 위해 십자가를 지셨듯이 우리 각자도 예수님을 위해, 인류 공동체를 위해 나의 고통과 어려움을 **예수님의 수난과 하나 되어 바칠 수 있음**

복습

1. 오늘 배운 것 중 가장 기억에 남고 중요하다고 생각하는 것을 적어 봅시다.

2. 다음 문장을 읽고 ○, ×로 표시하고, 틀린 곳에 밑줄을 긋고 바르게 고치세요.

- 십자가는 고통의 상징이다.
- 십자가에 매달린 예수님의 고통이 담긴 형상(形象)은 십자고상이다.
- 예수님께서 잡히시기 전 밤새워 기도하신 곳은 골고타 언덕이다

실천

> 내가 겪는 모든 어려움과 고통을 십자가 앞에서 예수님께 말씀드리고,
> 다른 이를 위해 봉헌할 수 있는 은총을 청해 봅시다.

11과 "궁금합니다"(119쪽)를 확인해 보세요.
11과 성인 : 성녀 베로니카, 성 라트로, 아리마태아의 성 요셉(126쪽)

제12과 우리는 믿습니다, 예수님의 부활

학습목표
1. 예수님께서는 돌아가신 지 사흘 만에 말씀대로 **부활**하셨음을 알 수 있다.
2. 예수님의 부활은 우리 **믿음**의 **핵심**임을 알 수 있다.
3. 우리의 **부활**을 믿으며, 매일 희망으로 살아갈 수 있다.

부활과 되살아남(야이로의 딸, 라자로와 과부의 아들)의 차이

예수님의 부활

1. 무덤에서 부활하신 예수님 (마르 16,1-8)

- "되살아나셨다." (마르 16,6) 라는 말의 의미
  부활하셨다, 영원히 살아 계시다

- 말씀대로 돌아가신 지 사흘(3일) 만에 부활하신 예수님

- **주일**(主日), 주님의 날
  매 주일은 예수님의 부활을 기념하는 날

- 예수님의 부활은 **하느님 아버지께서 성령을 통해 아들 예수님을 죽은 이들 가운데 일으키신 사건**

2. 부활을 축하하기

- 원죄로 인해 인류에게 죽음이 왔으나, 영원한 죽음을 원치 않으신 하느님께서는
  예수 그리스도를 보내시어 죽음의 세력을 물리치심

- 우리는 예수님 부활로 인해 영원한 생명을 선사받게 됨

- **알렐루야**(Alleluia) : _____

3. 예수님의 부활을 믿습니다 (요한 20,24-29)

- "너는 나를 보고서야 믿느냐? 보지 않고서도 믿는 사람은 행복하다." (요한 20,29)

- **예수님의 부활은 그리스도교 신앙의 핵심이며 가장 중요한 내용**

- 사도신경 : 신앙 고백

  성령을 믿으며 거룩하고 보편된 교회와 모든 성인의 통공을 믿으며
  죄의 용서와 _____ 을 믿으며
  _____ 을 믿나이다.

4. 현재의 삶 속에서 부활하신 예수님 만나기 (빈칸을 채워 보세요)

□□을 읽을 때

□□를 체험할 때

□□을 나눌 때

활동

용서와 사랑의 체험

복습

1. 오늘 배운 것 중 가장 기억에 남고 중요하다고 생각하는 것을 적어 봅시다.

복습

2. 십자퍼즐의 빈칸을 채우세요.

가로
① 죽음에서 되살아나 영원한 생명을 누리는 것으로, 예수님께서 이것의 첫 사람이 되심.
② 되살아나신 예수님께서 제자들에게 나타나시어 하신 말씀. "□□가 너희와 함께!" (루카 24,36)
③ '하느님을 찬미하라'는 뜻으로 미사 중 복음 선포 전에 노래함.
④ 되살아나신 예수님께서 □□□으로 가는 두 제자에게 나타나시다. (루카 24,13)
⑤ 되살아나신 예수님께서 베드로에게 하신 말씀. (요한 21,19)
⑥ 주님의 날, 예수님께서 부활하신 날을 기념하는 날.

세로
⑦ 제단에 예물을 드리기 전에 먼저 해야 하는 것. (마태 5, 24)
⑧ 예수님께서 회당장의 죽은 딸을 살려 주심. 회당장의 이름. (마태 9, 18)
⑨ 되살아나신 예수님을 처음으로 목격한 여인의 이름. (마르 16, 9)
⑩ 예수님께서 부활하시기 전 날. "□□□이 사람을 위하여 생긴 것이지, 사람이 □□□을 위하여 생긴 것은 아니다. (마르 2, 27)

실천

> 나와 관계를 맺고 있는 이들에게 자비와 용서를 거저 베풀어 줌으로써
> 부활을 체험하도록 해 봅시다.

12과 "궁금합니다"(119쪽)를 확인해 보세요.
12과 성인 : 성녀 마리아 막달레나, 성 클레오파스, 성 바르나바(127쪽)

제13과 성령의 강림으로 드러난 교회(敎會)

학습목표

1. 성령 안에서 예수님을 통하여 하느님 아버지께 나아갈 수 있다.
2. 성령의 강림으로 교회가 드러나 지상에 사랑의 공동체가 이뤄졌음을 알 수 있다.
3. 사도들이 목숨을 걸고 복음을 전한 순교 정신을 본받아 일상에서 작은 희생들로 복음을 선포할 수 있다.

예수님의 승천(昇天)

"너희를 떠나 _____ 하신 저 예수님께서는 너희가 보는 앞에서

하늘로 올라가신 모습 그대로 다시 _____ 것이다." (사도 1,11)

성령의 강림

1. 성령 강림 (사도 2,1-13)

- 오순절에 성모님과 사도들에게 강림하신 성령

- 성령을 받고 변화된 모습

2. 성령께서 하시는 일

- 성령 강림 장면을 통해 본 성령의 역할
  - 일치 : 성령께서 서로 다른 언어를 알아듣게 하심
  - 깨달음 : 예수님과 함께한 체험들을 한 번에 다 알아듣게 해 주심
  - 용기 : 예수님께서 하느님의 아들이시며 구세주이심을 용감히 설교함

- 성령은 '일치의 끈'으로 성부와 성자 사이를 이어 줄 뿐만 아니라 우리와 하느님을 일치시키시고 또 우리 서로를 사랑으로 하나가 되게 해 주신다.

- 성령 안에서 예수님을 통하여 하느님 아버지께 나아갈 수 있다

3. 가시화된 교회와 초대 교회의 모습 (사도 2,42-47)

- 교회의 뜻
  : 신자들의 공동체, 하느님을 믿는 사람들의 모임, 하느님 백성의 모임

- 교회의 드러남
  삼위일체 하느님 공동체에 그 기원을 두고 있는 교회는 그리스도께서 세우셨고 성령 강림을 통하여 세상에 드러나 사랑의 공동체를 이룸

- 교회의 네 가지 특징

  1) 사도들의 가르침을 받고
  2) 친교를 이루며
  3) 빵을 떼어 나누고
  4) 기도하는 일에 전념

- 초대 교회는 **서로 동등하고, 사랑하며, 나누는** 삼위일체 하느님 공동체의 모습을 닮아 있음

4. 용감하게 복음을 전한 사도들

온 세상을 두루 다니며 복음을 전하다 순교하였습니다.
(사도 요한만 죽임을 당하지 않고 섬으로 귀양을 갔다가 돌아와 죽을 때까지 복음을 전함)

성령의 7가지 은혜 (이사 11, 2)

- **슬 기** — 인간이 하느님의 사랑을 세상 사랑보다 귀하게 아는 지혜
- **통 달** — 구원의 진리를 인간 지력의 한계 내에서라도 이해하도록 도와주는 것
- **의 견** — 선·악에 대한 올바른 판단을 도와줌
- **지 식** — 믿을 것과 믿지 말아야 할 것을 식별하게 함
- **용 기** — 신앙생활을 방해하는 장해를 극복할 힘
- **경외심** — 하느님의 마음을 상하게 할까 염려하는 마음
- **효 경** — 하느님께 대한 자녀로서의 사랑 증진

성령의 은사를 통해 맺는 9가지 열매 (갈라 5,22-23)

복습

1. 오늘 배운 것 중 가장 기억에 남고 중요하다고 생각하는 것을 적어 봅시다.

2. 다음 그림과 설명에 해당하는 단어를 적어 보세요.

예수님께서 땅에서 하늘로 오르심

오순절에 사도들에게 성령께서 오심

하느님 백성의 모임

신앙을 지키고자 목숨을 바침

실천

성령의 은혜와 열매 중에서 지금 나에게 가장 필요한 은총을 성령께 청해 봅시다.

13과 "궁금합니다"(119쪽)를 확인해 보세요.
13과 성인 : 성 바오로, 성 헬레나, 성녀 가타리나(127쪽)

제14과 교회 가족과 어머니이신 마리아

학습목표
1. 가톨릭교회는 하나이고 거룩하고 보편되며, 사도로부터 이어 옴을 알 수 있다.
2. 예수님을 머리로 하나의 몸을 이루는 교회 가족은 서로 친교를 이룸을 알 수 있다.
3. 신앙의 모범을 보이신 마리아를 교회와 우리의 어머니로 공경할 수 있다.

나의 가족을 소개합니다
(예 : 현명한 아버지, 용감한 큰아들…)

교회의 특징과 성모 마리아

1. 가톨릭교회의 특징

- 가톨릭(Catholic) : **보편적, 모든 사람**이 믿을 수 있고 **모든 사람**에게 열려 있다는 뜻

- 특징
    - **하나인 교회**
    - **거룩한 교회**
    - **보편된 교회**
    - **사도로부터 이어 오는 교회**

- 교황은 열두 사도의 으뜸인 '베드로' 사도의 후계자. 주교(열 두 사도들의 후계자)는 '교구'를 돌보며, 신부들은 주교를 도와 교구의 '본당'을 돌봄

2. 교회 가족의 친교

- 교회는 **예수님을 머리로 하여 한 몸**을 이루는 신앙 가족

- 예수님을 머리로 한 몸을 이루는 '교회'
    - 천상 교회 — 성모님, 천사들, 성인성녀들
    - 단련 교회 — 천국에 들어가기 위한 정화의 장소
    - 지상 교회 — 교황, 주교와 신부, 수도자, 평신도, 단 두세 사람이라도 주님의 이름으로 모인 공동체

- **통공**(通功) : '**공로(노력과 수고)가 서로 통함**', 천사와 성인성녀들 그리고 '연옥'의 영혼들과 우리가 서로 기도와 도움을 주고받을 수 있음을 말함

- 가톨릭교회는 지상 교회와 천상 교회가 친교와 일치를 이루는 사랑의 공동체임

우리의 어머니이신 마리아를 공경하며 바치는 묵주기도

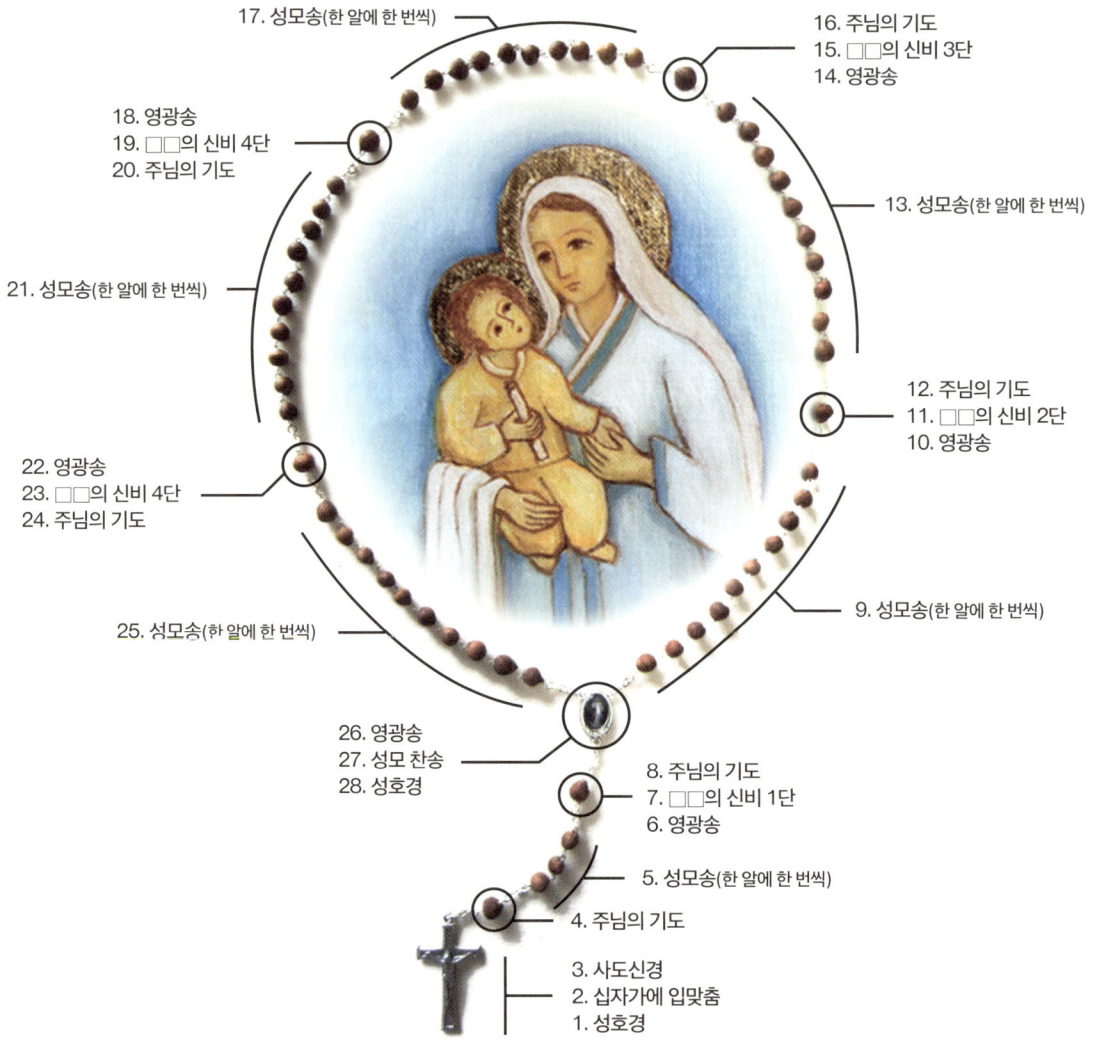

- **환희의 신비 · (월, 토)**
  1. 마리아께서 예수님을 잉태하심
  2. 마리아께서 엘리사벳을 찾아보심
  3. 마리아께서 예수님을 낳으심
  4. 마리아께서 예수님을 성전에 바치심
  5. 마리아께서 잃으셨던 예수님을 성전에서 찾으심

- **고통의 신비 · (화, 금)**
  1. 예수님께서 우리를 위하여 피땀 흘리심
  2. 예수님께서 우리를 위하여 매 맞으심
  3. 예수님께서 우리를 위하여 가시관 쓰심
  4. 예수님께서 우리를 위하여 십자가 지심
  5. 예수님께서 우리를 위하여 십자가에 못 박혀 돌아가심

- **빛의 신비 · (목)**
  1. 예수님께서 세례받으심
  2. 예수님께서 카나에서 첫 기적을 행하심
  3. 예수님께서 하느님 나라를 선포하심
  4. 예수님께서 거룩하게 변모하심
  5. 예수님께서 성체성사를 세우심

- **영광의 신비 · (수, 주일)**
  1. 예수님께서 부활하심
  2. 예수님께서 승천하심
  3. 예수님께서 성령을 보내심
  4. 예수님께서 마리아를 하늘에 불러올리심
  5. 예수님께서 마리아께 천상 모후의 관을 씌우심

3. 교회의 어머니이신 마리아 (요한 19, 25-27)

- 예수님께서 마리아를 **우리의 어머니**로 선물해 주셨기에 마리아를 **'교회의 어머니'**이자 **'우리들의 어머니'**로 여김
- 신앙의 모범이신 성모 마리아는 인간이기에 흠숭의 대상이 아닌 **공경의 대상**
- 성모 승천 : 예수님께서 마리아를 하늘나라로 불러올리심(몽소승천, 蒙召昇天)
- 교회와 우리를 위해 늘 하느님께 전구(轉求)해 주시는 마리아

복습

1. 오늘 배운 것 중 가장 기억에 남고 중요하다고 생각하는 것을 적어 봅시다.

2. 문제가 설명하는 단어들을 교재에서 찾아 적어 보세요.

천국에 들어가기 위해 단련을 받는 곳	사도 베드로의 후계자, 교회의 으뜸
'보편적' 이라는 뜻, 모든 사람에게 열려 있음	공로가 서로 통함

실천

성모님처럼 지금 당장 드러나지 않는 주님의 뜻을 마음에 새기며
기다릴 수 있는 지혜를 청하며 묵주기도 1단을 바쳐 봅시다.

14과 "궁금합니다"(120쪽)를 확인해 보세요.
14과 성인 : 천사 미카엘, 천사 라파엘, 천사 가브리엘(128쪽)

제15과 우리를 지켜 주는 십계명(十誡命)

학습목표

1. 모세를 통해 받은 십계명은 생명으로 이끌어 주는 법임을 알 수 있다.
2. 십계명은 하느님 사랑과 이웃 사랑 두 가지 계명으로 요약됨을 알 수 있다.
3. 오늘날 십계명의 각 계명을 어떻게 지켜야 하는지를 알 수 있다.

내 삶의 나침반은

십계명의 내용과 자신을 돌아보기

1. 십계명의 배경 (탈출 19장)

- 계명(誡命)이란 우리가 마땅히 지켜야 할 것을 말함

- 모세를 통해 받은 십계명은 생명으로 이끌어 주는 법

2. 십계명의 내용(탈출 20장)**과 삶으로 살아가기**

십계명의 내용이 두 개의 돌판에 다음과 같이 적혀 있습니다.
밑줄에 들어가는 말을 적어 봅시다.

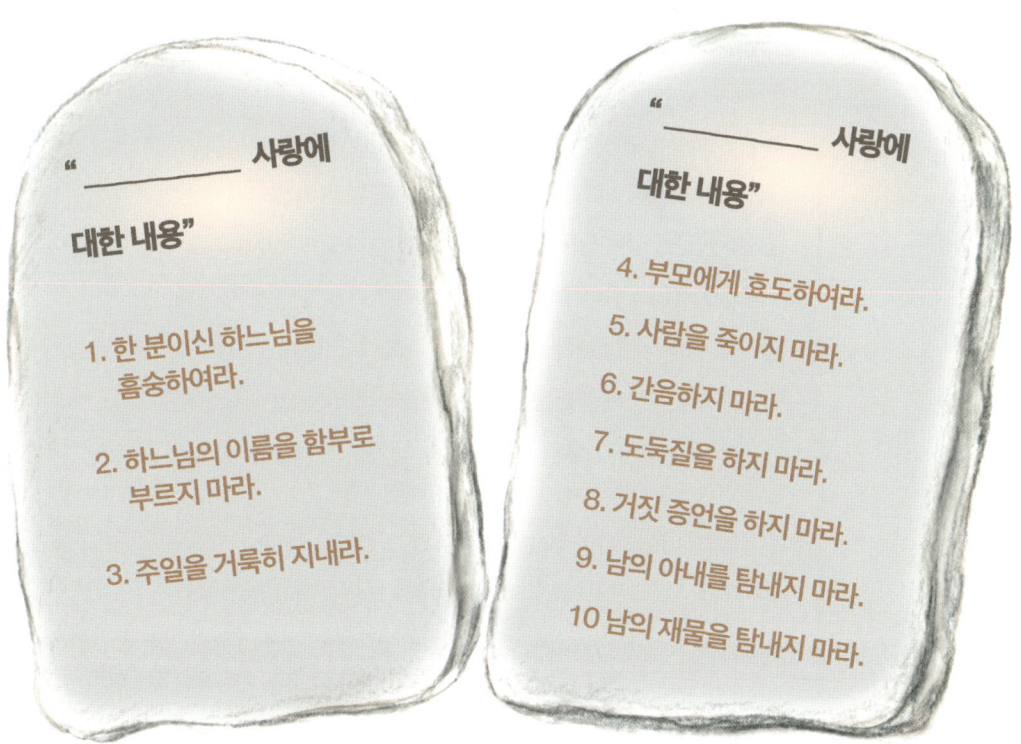

3. 십계명으로 자신을 돌아보기

십계명	반성 내용	확인 ○, ×	✔
1. 한 분이신 하느님을 흠숭하여라	미사와 기도 시간에 하느님과 대화하기보다는 주보를 뒤적이거나 잡념에 쉽게 빠지는 경향이 있습니까?		
	매일 일상기도(아침·저녁 기도, 식사 전·후기도)를 바치고 있습니까?		
	인터넷, 신문 등을 통해 오늘의 운세나 사주, 타로점 등을 보고 믿은 적이 있습니까?		
2. 하느님의 이름을 함부로 부르지 마라	성호경을 성의 없이 그으며 대충 기도한 적이 있습니까?		
	하느님께서 자신의 기도를 들어주지 않았다고 불평한 적이 있습니까?		
	하느님의 이름을 걸고 거짓 맹세를 한 적이 있습니까?		
3. 주일을 거룩히 지내라	주일 미사나 의무 대축일 미사에 이유 없이 빠진 적이 있습니까?		
	가족 여행 등의 이유로 미사 참석을 하지 않은 적이 있습니까?		
	주일을 자신과 가족의 영적 성장을 위해 거룩하게 보냈습니까?		
4. 부모에게 효도하라	부모님을 돌보는 것을 소홀히 하지 않았습니까?		
	부모님께 순종하지 않아 마음을 아프게 해 드린 적이 있습니까?		
	형제자매 간에 다투거나 미워하는 마음을 가진 적이 있습니까?		
5. 사람을 죽이지 마라	나보다 약한 사람이나 동물을 때리거나 괴롭힌 적이 있습니까?		
	동료와 이웃을 따돌리거나 미워한 적이 있습니까?		
	사람에게 저주나 욕설을 한 적이 있습니까?		
6. 간음하지 마라	다른 성(性)에 대해 모욕한 적이 있습니까?		
	자기 외모에 지나치게 신경을 쓰거나 자기 외모로 남을 유혹한 적이 있습니까?		
	음란 만화, 영화, 비디오 등을 본 적이 있습니까?		
7. 도둑질을 하지 마라	남의 물건을 훔친 적이 있습니까?		
	사치를 즐기며, 타인의 어렵고 비참한 환경을 외면한 적이 있습니까?		
	남의 것을 빌린 후 갚지 않거나 돌려주지 않은 적이 있습니까?		
8. 거짓 증언을 하지 마라	거짓말로 남을 속이거나 남에게 피해를 준 적이 있습니까?		
	나의 잘못에 대해 책임을 회피한 적이 있습니까?		
	인터넷에서 남의 아이디를 이용하여 거짓말로 글을 적거나 악성 댓글을 단 적이 있습니까?		

* 이밖에도 자주 저지르는 죄는 어떤 것입니까?

복습

1. 오늘 배운 것 중 가장 기억에 남고 중요하다고 생각하는 것을 적어 봅시다.

2. 단어를 읽고 맞는 설명과 연결하세요.

계명(誡命) •   • 모세를 통해 이스라엘 백성에게 내려 준 10가지 계명

십계명(十誡命) •   • 나무, 돌, 쇠 등으로 만들어 사람이 숭배하는 상

흠숭(欽崇) •   • 결혼한 사람이 자신의 배우자가 아닌 사람과 성적 관계를 맺음

우상(偶像) •   • 하느님께만 드리는 최고의 공경

간음(姦淫) •   • 우리가 살면서 지켜야 할 것

실천

십계명을 외우고, 나에게 습관이 된 죄를 깨닫고 고치도록 노력합시다.

15과 "궁금합니다"(120쪽)를 확인해 보세요.
15과 성인 : 성 유대철 베드로, 성 정하상 바오로, 성 토마스 모어(128쪽)

제16과 예수님께서 주신 사랑의 계명

학습목표
1. 예수님께서 우리에게 사랑의 계명을 주셨음을 알 수 있다.
2. 우리가 사랑하지 않아서 전쟁, 굶주림, 폭력, 환경 파괴 등이 일어남을 알 수 있다.
3. 어렵고 힘들게 살아가는 세상의 이웃들에게 관심을 가지고 함께할 수 있다.

사랑을 실천한 사람들

나병(문둥병, 한센병) 환자들과
함께 지내며 돌보아 줌

몰로카이 섬의 다미안 신부님
(1840-1889)

거리의 가난하고 버림받은
사람들을 데려다가 돌보아줌

인도의 마더 데레사 수녀님
(1910-1997)

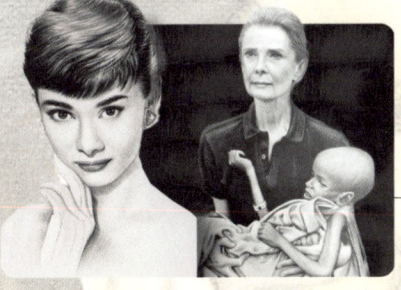

세계 각국의 굶주리고 고통받는
어린이들을 도와주고 살려 줌

영화배우 오드리 헵번
(1929-1993))

아프리카 수단 톤즈에서
주민들을 치료해 주고 가르침

톤즈의 친구 이태석 신부님
(1962-2010)

사랑의 계명

1. 예수님께서 주신 사랑의 계명 (요한 13,34-35)

- "내가 너희에게 **새 계명**을 준다. **서로 사랑하여라**."

- 사랑을 사는 것이 그리스도인임을 드러내는 것임

2. 착한 사마리아인의 비유 (루카 10,29-37)

- 죽어 가는 사람을 보고 지나쳐 간 사제와 레위인

- 경멸받던 사마리아인이 다친 사람을 돌보아 준 이유는 **가엾은 마음**이 들었기 때문

- 가엾은 마음이 들었던 기억

3. 최후의 심판 (마태 25, 31-46)

- 예수님께서는 착한 사마리아인처럼 **어려운 이웃을 돌보아 주는 사람이 바로 예수님을 돌보아 주는 것**이며 그런 사람들이 하느님 나라에 갈 수 있다고 하심

4. 연민을 갖지 못하여 일어나는 불행들

전쟁

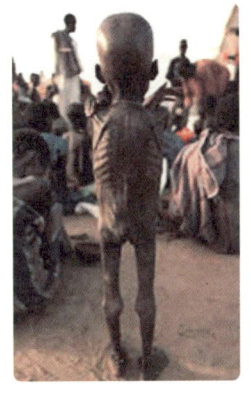

굶주림

폭력
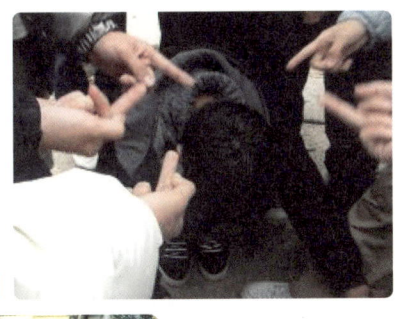

환경 파괴

활동

복습

1. 오늘 배운 것 중 가장 기억에 남고 중요하다고 생각하는 것을 적어 봅시다.

2. 이번 과에서 배운 단어들의 초성입니다. 유추해서 적어 보세요.

① ㅅㄹ ㅅㄹㅎㅇㄹ

② ㅅㅈ

③ ㄹㅇㅇ

④ ㅊㅎ ㅅㅁㄹㅇㅇ

— 힌트 —
① 예수님의 새 계명
② 제사를 지내는 사람
③ 12지파 중 사제가 됨
④ 사랑을 실천한 사람

실천

예수님께서 주신 사랑의 계명을 마음에 새길 수 있도록 "서로 사랑하여라"를 자주 화살기도로 바치며 생활 안에서 실천해 봅시다.

16과 "궁금합니다"(120쪽)를 확인해 보세요.
16과 성인 : 성녀 데레사(마더), 이태석 요한(위인), 성 다미안(129쪽)

제17과 하느님 은총의 표지인 성사(聖事)

학습목표
1. 성사는 하느님의 은총을 보여 주는 표지임을 알 수 있다.
2. 예수님께서는 우리의 삶 전체를 축복하는 일곱 성사를 만드셨음을 알 수 있다.
3. 일곱 성사의 은총을 알고, 성사를 받기 위한 마음의 준비와 자세를 갖출 수 있다.

우리 생활의
상징(표지)들

일곱 성사

1. 성사란 무엇인가?

- 하느님의 은총을 보여 주는 표지

- 원성사(原聖事) : 예수님께서는 하느님을 보여 주실 뿐 아니라 하느님 자체이시기에

- **은총은 하느님께서 거저 주시는 선물**

2. 일곱 성사란 무엇인가?

삶의 과정	일곱성사
생명이 태어남	세례성사
성장을 위해 건강한 음식을 섭취함	성체성사
몸과 영혼에 때가 묻고 상처를 주고받음	고해성사
어른이 됨	견진성사
사랑하는 사람과 혼인함	혼인성사
자신의 삶을 하느님께 봉헌함	성품성사
병고에 시달리고 죽음을 맞이함	병자성사
인호(영혼에 새겨지는 영적 표지)를 받는 성사	
입문(교회에 들어오게 하는) 성사	
공동체에 봉사하는 성사	
치유하는 성사	

3. 일곱 성사의 표지와 은총

각 성사의 표지와 은총에 대해 빠져 있는 곳을 채워 봅시다.

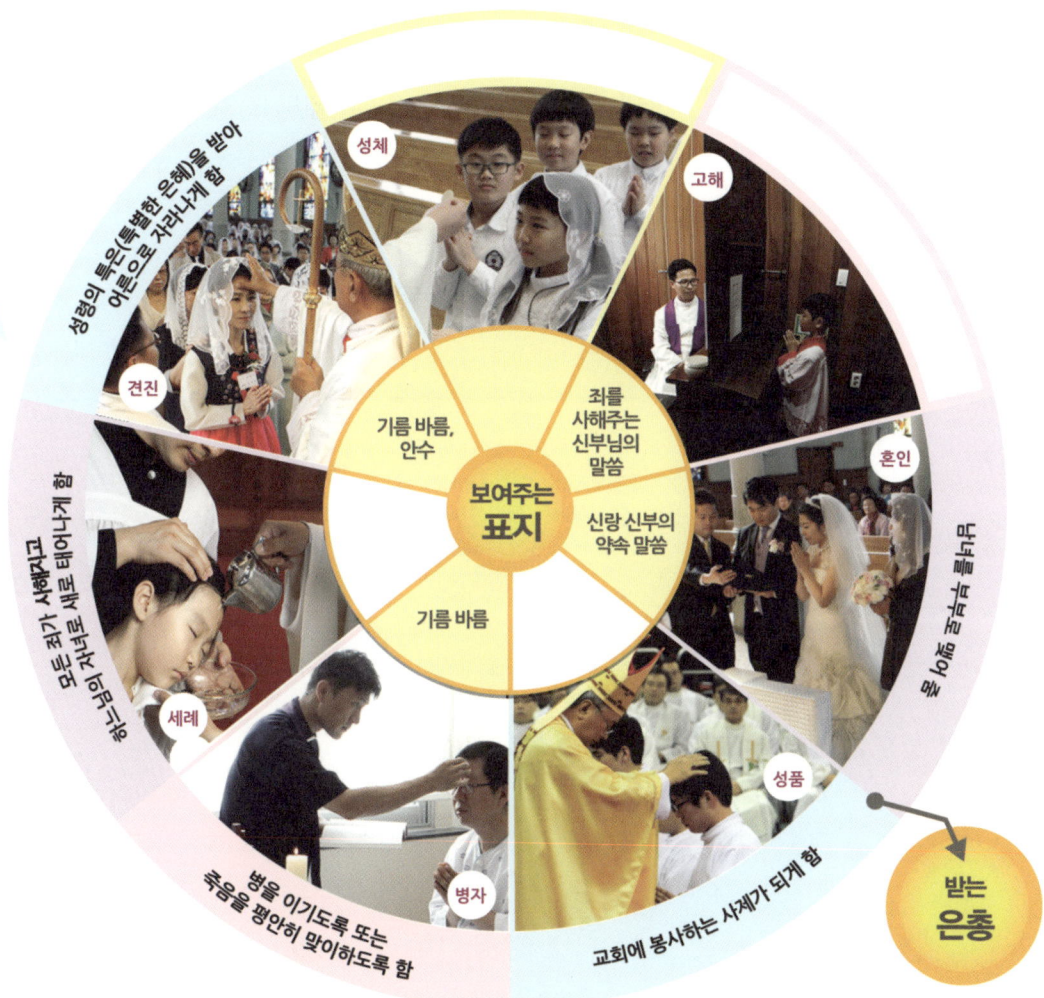

4. 성사를 받기 위하여

- 성사는 하느님의 일이기에 그 자체로 은총의 효과를 얻을 수 있음

  — **사효성**(事效性) : 받는 이의 준비와 상관없이 일 자체가 갖는 효력
  — **인효성**(人效性) : 성사를 받는 사람의 마음과 자세에 따라 은총이 달라짐

- 일곱 성사의 은총을 알고, 성사를 받기 위한 **마음의 준비**와 **자세**를 갖춘다면 성사의 은총을 풍성히 받을 수 있을 것임

활동

성사	성경구절	핵심문장
세례	마태 28, 19	
	마태 26, 26-30	받아먹어라. 이는 내 몸이다.
	요한 20, 22-23	
견진	요한 16,12-13	
	마태 19, 1-7	
	사도 13, 1-3	나를 위하여 그 일을 하게 그 사람들을 따로 세워라
병자	마르 6, 12-13	

복습

1. 오늘 배운 것 중 가장 기억에 남고 중요하다고 생각하는 것을 적어 봅시다.

2. 단어들을 읽고 설명을 교재에서 찾아 쓰세요.

① 성사 : _____
② 인호 : _____
③ 성사의 사효성과 인효성 : _____
④ 교회로 들어오는 성사 세 가지 : _____

실천

일곱 성사로 우리 삶 전체를 축복하시는 하느님 사랑에 감사드리며,
하느님처럼 오늘날까지 나를 위해 희생과 봉사를 아끼지 않았던
부모, 가족, 지인들에게 감사와 사랑의 마음을 표현해 봅시다.

17과 "궁금합니다"(120쪽)를 확인해 보세요.
17과 성인 : 성 크리스토포로, 성 아우구스티노, 복자 샤를 드 푸코(129쪽)

제17과

제18과 세례성사와 견진성사

학습목표

1. 세례성사로 모든 죄가 다 씻어지고 하느님의 자녀로 새로 태어남을 알 수 있다.
2. 견진성사는 성령의 특별한 은혜를 받아 굳건한 그리스도인으로 성장하게 함을 알 수 있다.
3. 받을 세례성사에 대해 감사하고, 앞으로 어떻게 살아야 할지 결심할 수 있다.

물의 역할

정화

___을 부어 줌

하느님의 자녀로 새로 나는 성사

1. 사람의 일을 하느님의 일로 만드신 예수님 (마르 1,9-11)

- 예수님께서는 공생활 시작 전 제일 먼저 세례를 받으시며 하느님의 의로움을 이루심

- 우리도 세례를 통해 하느님의 의로움을 이루는 하느님의 자녀가 됨

2. 세례성사의 효과

- 두 가지 종류의 세례식

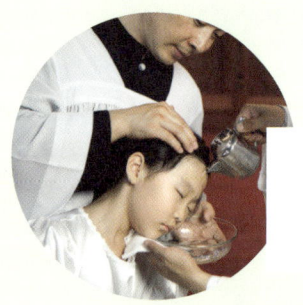

이마를 물로 씻음

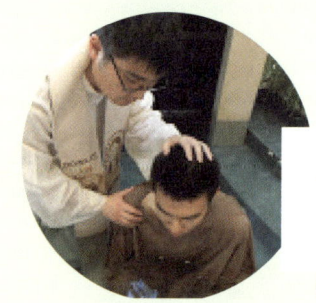

몸이 물에 들어감

- 세례성사의 효과

  1. 모든 죄(원죄,본죄)가 다 씻어짐
  2. 하느님의 자녀로 새로 태어남
  3. 교회의 정식 가족이 되어 나머지 성사도 받을 수 있음
  4. 인호가 새겨져 영원한 하느님의 자녀가 되고 하느님 나라의 상속자가 됨

3. 세례명의 의미

- 세례명의 의미 : 하느님의 자녀로 새로 태어날 때 새로운 이름을 받음. 천사나 성인의 이름을 따라 정하고 '주보(수호)성인'으로서 친교를 이루며 성인의 축일을 자신의 축일로 기념함.

- 세례성사의 세 가지 직무 은사 : 사제직, 왕직, 예언직

4. 세례성사 예식

1. 신앙 고백

† (신부님) 여러분은 하느님의 자녀로서 자유를 누리기 위하여 죄를 끊어 버립니까?
☞ (모두) 끊어 버립니다.
† 죄의 지배를 받지 않도록 악의 유혹을 끊어 버립니까?
☞ 끊어 버립니다.
† 죄의 근원인 마귀를 끊어 버립니까?
☞ 끊어 버립니다.
† 전능하신 천주 성부 천지의 창조주를 믿습니까?
☞ 예, 믿습니다.

† 그 외아들 우리 주 예수 그리스도님 동정 마리아에게서 나시고 고난을 받으시고 묻히셨으며 죽은 이들 가운데서 부활하시고 성부 오른편에 앉아 계심을 믿습니까?
☞ 예, 믿습니다.
† 성령을 믿으며 거룩하고 보편된 교회와 모든 성인의 통공을 믿으며 죄의 용서와 육신의 부활을 믿으며 영원한 삶을 믿습니까?
☞ 예, 믿습니다.

2. 세례식(이마에 물을 부어 줌)

가장 중요한 예식으로 이때 모든 죄가 사해지고 하느님의 자녀로 새롭게 태어남

3. 기름 바름(성유 도유)

세례를 받고 하느님의 자녀로 잘 살아가도록 신앙을 굳게 해 줌

4. 흰옷 입힘(미사보를 씌워 줌)

흰옷은 그리스도를 입었다는 것, 그리스도와 함께 부활하였음을 상징

5. 촛불 켜줌

촛불은 '세상의 빛'으로 살아갈 것을 나타냄

5. 굳건한 신앙인으로 성장하는 견진성사(堅振)

- 신앙을 더 깊어지게 하고 굳건해지도록 도와주는 성사

- **견진성사의 핵심 : 주교의 안수와 크리스마 성유 도유**

- **성령의 은혜로 세례의 은총을** 굳건히 하고 완성시켜 줌

제18과

활동

복습

1. 오늘 배운 것 중 가장 기억에 남고 중요하다고 생각하는 것을 적어 봅시다.

2. 다음을 읽고 틀린 곳에 밑줄을 그은 뒤 올바른 답을 쓰세요.

우리가 살아가면서 각자 짓는 죄는 원죄다.

세례명은 세례 때 받는 이름으로 천사, 성인성녀 이름이나 어떤 의미를 따서 짓는데 본명이라고는 부를 수 없다.

주보축일(영명축일)은 세례명의 성인 축일로 주로 성인이 태어난 날이다.

흰옷을 입는 의미는 그리스도의 성탄의 상징이다

실천

곧 하느님의 자녀가 된다는 것에 감사하며 앞으로 자신의 세례명이 될 주보성인을 찾아보고 조사해 봅시다. (가톨릭 굿뉴스 http://www.catholic.or.kr)

18과 "궁금합니다"(120쪽)를 확인해 보세요.
18과 성인 : 성 요한(세례자), 성 김대건 안드레아, 성 베네딕토(130쪽)

제19과 성체성사와 선교

학습목표
1. 성체는 예수님의 몸으로 우리를 영적으로 성장시키는 생명의 빵임을 알 수 있다.
2. 영성체로 삼위일체 하느님과 또 교회 가족과 하나가 될 수 있다.
3. 영성체를 위해 올바른 몸과 마음으로 준비하며, 삶의 변화를 통해 주님 나라가 선포됨을 알 수 있다.

몸을 건강하게 하는 음식

영혼을 건강하게 하는 양식

성체성사와 나눔의 삶

1. 오천 명을 먹이신 기적 (요한 6,1-13)

- "너희는 썩어 없어질 양식을 얻으려고 힘쓰지 말고, 길이 남아 영원한 생명을 누리게 하는 양식을 얻으려고 힘써라."(요한 6,27)

- 보리 빵 다섯 개와 물고기 두 마리를 내어 놓은 아이처럼 우리의 것을 나눔

2. 최후의 만찬 (1코린 11,23-25)

"이는 너희를 위한 내 몸이다 _____ _____"

"_____. _____. 너희는 이 잔을 마실 때마다 나를 기억하여 이를 행하여라."

- 오늘날 예수님의 최후의 만찬 기적은 미사 안에서 기억되고 현재화됨
- 성체는 **예수님의 몸**으로 우리를 영적으로 성장시키는 **생명의 빵**

3. 성체성사의 은총

- **영성체란 예수님의 몸과 피를 받아 모시는 것**
- 영성체로 **삼위일체 하느님**과 **교회 가족**과 **하나**가 되고 사랑으로 일치함
- 거룩한 예수님의 몸을 받아 모신 사람들은 서로 관심을 갖고, 이해하고, 돕고 나누며, 용서하는 거룩함의 모범을 보여야 함

4. 영성체를 위한 준비

- 몸의 준비 : 공복재(空腹齋) | 공심재(空心齋)

- 마음의 준비 : 하느님과 이웃의 마음을 크게 상하게 한 **대죄를 지었다면 고해성사를 받아서** 마음을 깨끗하게 해야 함

5. 성체성사의 삶 - 선교

- 빵이 나누어져야 여러 사람이 함께 먹을 수 있듯이 하느님 사랑으로 채워진 성체성사를 받은 이들은 나눔의 삶을 살아야 함

- **선교는 주님의 거룩한 몸을 모시고, 거룩한 변화를 일으켜** 타인에게 **깊은 감명과 희망을 주는 것**

- 선교란 복음을 말로만 전하는 것이 아니라 **사랑을 실천하는 것이며 그리스도인의 의무임**

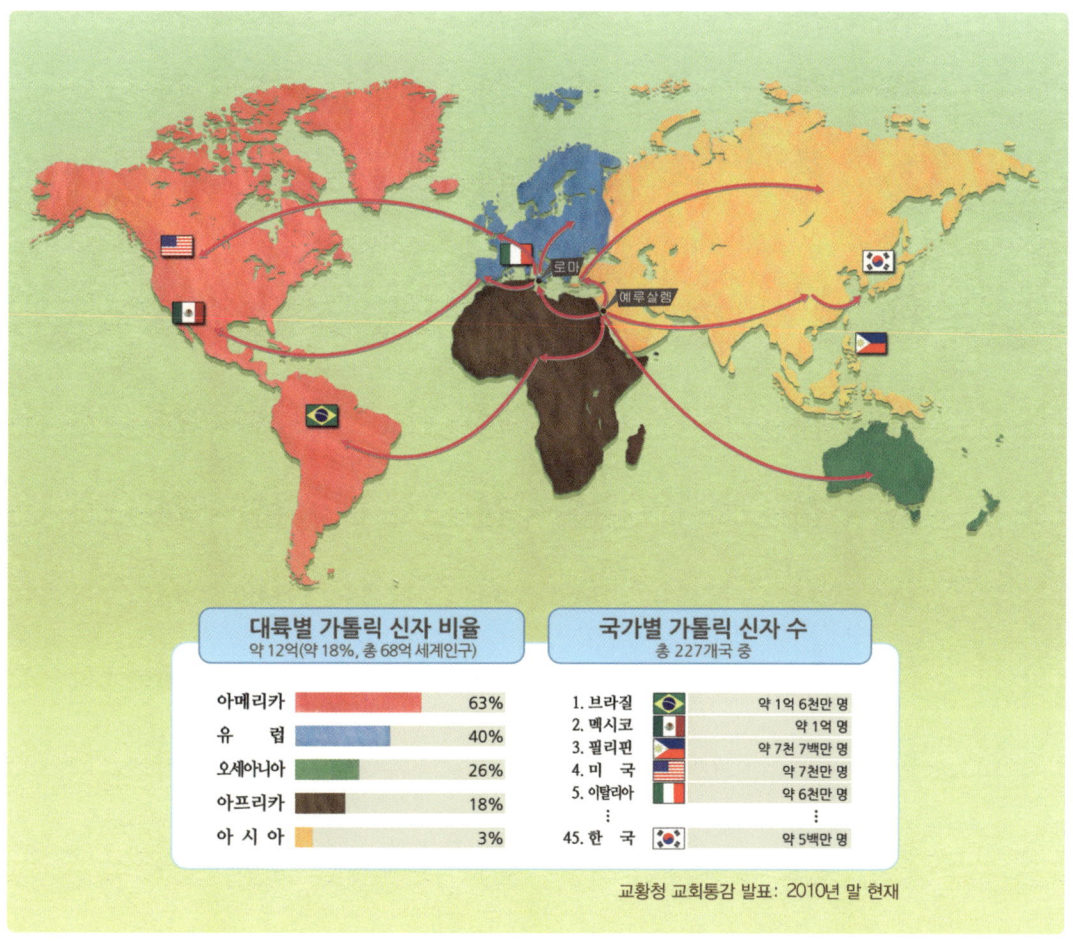

활동

복습

1. 오늘 배운 것 중 가장 기억에 남고 중요하다고 생각하는 것을 적어 봅시다.

2. 다음 구절을 성경에서 찾아 적어 보세요.

① 요한 6,51 : "_____. 누구든지 이 빵을 먹으면 영원히 살 것이다. 내가 줄 빵은 세상에 생명을 주는 나의 살이다."

② 요한 6,56 : "내 살을 먹고 내 피를 마시는 사람은 _____ 머무른다."

③ 1코린 12,27 : "여러분은 _____ 그 지체입니다.

④ 에페 1,23 : 교회는 _____ 으로서, 모든 면에서 _____ 충만해 있습니다.

실천

세계 어느 곳보다 그리스도인이 적은 아시아 대륙의 복음화를 위해 기도해 봅시다.

19과 "궁금합니다"(121쪽)를 확인해 보세요.
19과 성인 : 성 요한 바오로 2세, 김수환 스테파노(위인), 성 이냐시오(130쪽)

제20과 서로 화해시켜 주는 고해성사

학습목표

1. 하느님께서는 **자비로운 아버지**로서 언제든지 우리를 **용서**해 주시는 분이심을 알 수 있다.
2. 고해성사를 받기 위한 5단계는 **성찰-통회-결심-고백-보속**임을 알 수 있다.
3. 고해성사를 **준비**할 수 있고, **자주** 고해성사를 받을 마음을 가질 수 있다.

용서를 받은 기억

고해성사와 용서의 삶

1. 자비로운 아버지 (루카 15,11-24)

- 이야기의 아버지처럼 성부 하느님은 자비로운 아버지로 언제든지 우리를 용서해 주시는 분

2. 죄와 고해성사

- 죄란 나와 하느님 그리고 이웃과 멀어지게 하는 것

- 고해성사를 통해 우리는 다시 하느님과 이웃과 가까워질 수 있음

3. 고해성사 5단계

성경의 내용	고해성사의 단계
작은아들이 배가 고파 거의 죽게 되었을 때 제정신이 들어 자신에 대해 **돌아보게** 됨	1. 성찰 (돌아봄)
작은아들은 자기 재산을 낭비하여 다 없애 버린 것에 대해 아버지께 미안한 마음이 들어 진심으로 **뉘우치게** 됨	
작은아들이 다시는 그런 죄를 저지르지 않기로 **굳게 마음**을 다지게 됨	3. 결심 (다짐)
작은아들이 용기를 내어 아버지에게 가서 그동안 자신이 지은 죄를 솔직하게 **말하게** 됨	4. 고백 (말씀 드림)
자신의 죄 고백에 대해 신부님께서 주시는 기도나 선행을 **실천하는** 것을 말함	

4. 사제를 통한 죄의 용서와 고해의 비밀 준수

- **사제를 통한 죄의 고백과 용서의 근거**(요한 20,22-23)
  성경에서 예수님께서는 죄를 용서하는 권한을 당신 제자들에게 위임하셨기에 교회는 그리스도를 대리하고, 제자들의 직분을 잇는 사제들에게 죄를 용서하는 권한을 준 것

- 고해의 비밀 준수는 2,000년의 역사상 한 번도 문제가 된 적이 없는 신비임

5. 고해성사 준비 및 마음 다지기

1) 성찰 준비

성령께 청하는 기도	"성령이여, 제 마음을 비추시어 저의 죄를 돌아보게 해 주소서."
하느님을 얼마나 사랑하고 하느님께 감사하고 있는가?	- 하느님과 얼마나 대화를 자주 하는가? - 내게 주신 모든 것에 감사하고 있는가? - 주님의 뜻에 얼마나 나를 맞추려고 하는가? - 하느님보다 다른 것에 더 가치를 두지 않았는가?
이웃과 공동체를 얼마나 생각하며 살아가고 있는가?	- 이웃과 가족들을 하느님을 닮은 사람들로 귀하게 대하는가? - 공동체를 위해 양보하고 희생하고 있는가? - 이웃들의 아픔과 슬픔에 함께 연대했는가?
십계명으로 자신 돌아보기	교재 15과(72쪽) 참고

2) 죄를 고백하는 방법

- 간단하고 명확하게 고백함

- 기도로 양심을 부드럽게 하고, **자주 고해성사를 받아 은총 지위를 회복**해야 함

- **일년에 적어도 한 번**(부활 전)은 고해성사를 꼭 하도록 함 : **판공성사**(判功聖事 : 공로를 판단함)

복습

1. 오늘 배운 것 중 가장 기억에 남고 중요하다고 생각하는 것을 적어 봅시다.

2. 다음 고해성사에 관한 설명을 보고 사다리를 따라 단어를 적어 보세요.

| ① 자신의 죄를 솔직하게 말함 | ② 자신이 저지른 죄를 뉘우침 | ③ 죄에 대한 벌을 대신함 | ④ 자신의 죄를 돌아보고 죄를 알아냄 | ⑤ 하느님과 이웃과 멀어지게 하는 것 |

성찰

실천

성체 앞에서 나의 죄를 성찰해 보고,
나를 변화시키는 주님의 은총을 청하며 끊어 버리도록 노력합시다.

20과 "궁금합니다"(121쪽)를 확인해 보세요.
20과 성인 : 성 스테파노, 성 비안네, 성녀 파우스티나(131쪽)

제21과 혼인성사, 성품성사, 병자성사

학습목표

1. 혼인성사는 하느님께서 제정하셨고 하느님 창조 사업을 이어 가게 해 주시는 것임을 알 수 있다.
2. 성품성사는 그리스도의 사제직을 이어받아 하느님과 세상을 위한 봉사로 불림 받은 것임을 알 수 있다.
3. 병자성사는 병고로 인해 쇠약해진 심신을 위로하고, 평화와 용기를 주는 은총임을 알 수 있다.

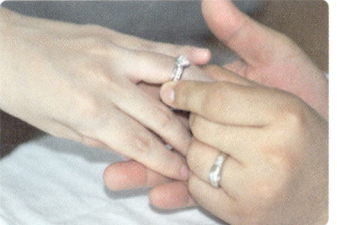

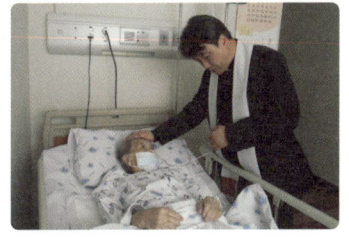

성소(聖召)란?

봉사와 치유의 성사

1. 혼인성사

1) 창조주 하느님께서 제정하신 혼인성사(창세 2,21-24)

- "남자는 아버지와 어머니를 떠나 아내와 결합하여, 둘이 한 몸이 된다."
- 혼인성사의 **불가해소성(不可解消性)**과 **단일성**

2) 혼인성사의 의무

- 혼인성사의 준비
  혼인 면담, 혼인 문서 작성, 혼인에 대한 교회의 가르침을 받아야 함
- 비신자와 결혼하게 된다면 **혼인 관면**을 받아야 함
- 혼인 장애(조당) : 성사를 받을 수 없음
- **당신 친히 제정하신 혼인성사를 통해 인간을 당신 창조 사업에 특별히 참여시키시려 자녀의 축복**을 주심
- 부부는 영적인 생활 모범을 보여 **신앙의 요람**으로 성가정을 이루어야 함

2. 성품성사

1) 직무 사제직(사도 6,3-6)

- **직무(職務) : 하느님께 제사를 지내고, 하느님 백성을 돌보며, 복음을 선포하는 일**
- **성품성사는 그리스도의 사제직을 이어받아 하느님과 세상을 위한 봉사**로 특별히 불림 받은 사람들을 서품하고 직무를 수여하는 것

2) 성품성사의 세 품계와 직무

- **주교, 신부, 부제**
- 주교는 주교단의 안수로 서품되고, 신부와 부제는 주교의 안수로 서품되며, 순명과 독신을 서약함

3. 병자성사

1) 병자들을 위한 사도 시대의 예식(야고 5,14-15)

- "여러분 가운데 앓는 사람이 있습니까? 그를 위하여 기도하고, 주님의 이름으로 그에게 기름을 바르십시오."
- 병자 성유 : 병자에게 모든 어려움을 이겨 낼 힘을 전해 주는 표징

2) 병자성사의 대상

- 중증 환자, 수술을 앞둔 환자, 다시 병이 깊어진 환자, 노환으로 쇠약해진 노인
- **병자성사**는 병고로 인해 쇠약해진 심신을 **위로**하고, **평화와 용기**를 주는 **은총**
- **영원한 생명**으로 건너가기 위한 순례를 위한 **마지막 성사**

활동

1. 성사로 축성된 혼인은 사회혼과 어떻게 다를까요?

2. 사람의 마음은 상황에 따라 변할 수도 있습니다. 혼인을 하느님의 뜻에 따라 할 수 있는 구체적인 방법은 무엇일까요?

3. 자녀를 축복으로 받아들이고 신앙으로 키워 내는 것에 대해 어떤 생각이 듭니까?

복습

1. 오늘 배운 것 중 가장 기억에 남고 중요하다고 생각하는 것을 적어 봅시다.

2. 십자 퍼즐의 빈칸을 채우세요.

가로
① 죽음이 갈라놓을 때 까지 혼인의 서약은 깨질 수 없다는 의미.
② 중한 병으로 고통받는 사람이나 죽음을 앞둔 이들이 받는 성사.
③ 비신자와 결혼하게 된다면 □□□□을 받아야 함.

세로
④ □□□□에 해당되면 성사를 받을 수 없게 됨.
⑤ 하느님의 거룩한 부르심.
⑥ 직무 사제직을 받는 성사로 주교, 신부, 부제가 이에 해당 됨.

실천

거룩한 부르심을 받은 나는 어떤 삶으로 세상에 하느님을 증거하며 살 수 있을까요?

21과 "궁금합니다"(121쪽)를 확인해 보세요.
21과 성인 : 성 블라시오, 천주의 성 요한, 성 가밀로(131쪽)

제22과 한국 천주교회사

학습목표

1. 한국 가톨릭교회는 평신도들에 의해 세워졌음을 알 수 있다.
2. 한국 가톨릭교회는 박해를 딛고 일어선 순교자들의 피 위에 세워진 교회임을 알 수 있다.
3. 우리도 한국 순교 성인들의 순교 정신을 본받아 일상에서 희생과 봉사로 순교를 실천할 수 있다.

역사(歷史)의 의미

조선에 복음이 뿌리내리다

1. 박해의 정치적 원인인 당파 싸움의 시작

- 당파 싸움의 시작은 인조(1595-1649년) 때부터였으며 이때 시작한 당파 싸움은 시대를 거듭하며 분열을 일으켰고 동인은 북인과 남인으로, 서인은 노론과 소론, 노론은 시파와 벽파로 나뉨

- 노론의 시파는 비교적 천주교에 온건한 편이었지만, 벽파는 천주교에 완강했으며 천주교인에 대한 박해를 정적 제거의 도구로 삼음

2. 조선 천주교회 창설

1) 평신도들에 의해 세워진 한국 교회

- 중국에서 온 **천주실의**라는 책을 통해 천주교를 서양 학문의 하나로 알게 되고 주로 남인 계층의 사람들이 1779년 천진암 주어사에서 학문으로 연구하기 시작함
- 이벽이 모임을 주도하였고, 1784년 중국에서 이승훈이 '베드로'로 세례를 받음
- 한국 천주교회는 선교사들이나 성직자들에 의해서 세워진 것이 아니라 **평신도들에 의해 세워진 유일한 교회**

2) 을사 추조 적발 사건(乙巳秋曹摘發事件, 1785년)

- 을사년(1785년) 봄 추조(秋曹), 즉 형조의 금리들이 명례방(明禮坊, 지금의 명동)에서 모임을 갖던 천주교인들을 적발 체포한 사건
- 명례방의 주인이자 중인이었던 김범우는 유배지에서 세상을 떠나 첫 희생자가 됨

3) 가성직 제도(假聖職制度)

- 초기 한국 천주교회에서 평신도들이 성직자의 고유한 성무(聖務)를 집행했던 제도
- 교회 서적을 연구하면서 이 제도의 유효성에 대한 의구심이 생겨 북경 주교에 문의함
- 북경 주교의 답장 :
  가성직 제도가 잘못된 것이며, 세례성사만 유효하다고 함.
  또한 제사는 우상 숭배이니 지낼 수 없다는 답변
- → **성사를 집전할 사제를 간절히 원하게 됨**

4) 조선의 첫 선교사 주문모 신부(1752~1801년)

- **조선에서 처음으로 성사를 집전**(1794년)하고 사목 활동을 함
- 열성적인 노력으로 1801년 조선 교회는 **교우 1만 명**을 헤아리는 교회로 발전

3. 4대 박해

1) 신유박해(辛酉迫害) 1801년

- 1791년, 전라도 진산의 윤지충과 권상연이 제사 거부로 상소가 빗발치게 되어 사형 당함(신해박해)
- 천주교에 대해 관대했던 정조 승하 후, 보수 성향의 노론 벽파가 천주교에 관대한 노론 시파와 천주교인들이 많은 남인들을 색출해 내고자 박해를 일으킴
- 이 박해로 초창기 조선 교회의 중심인물들과 주문모 야고보 신부도 순교함
- 황사영 백서 사건
   → 주문모 신부 순교 사실과 조선 교회 박해를 중국에 알려 도움을 청하려다 붙잡혀 처형당함

2) 기해박해(己亥迫害) 1838-1841년

- 비참하게 파괴된 조선 교회는 15년 후 조금씩 다시 일어섰으며 그 중심에 있던 정약종의 아들 정하상 바오로는 어려운 상황에도 아홉 번이나 북경을 오가며 사제를 모셔 오려고 노력함
- 1825년 로마의 교황에게 편지를 보내고, 그레고리오 16세 교황은 조선 교회를 북경교구에서 독립시켜 조선대목구로 지정하였으며 브뤼기에르 주교를 초대 교구장으로 파견함
- 신학생을 선발해 마카오로 보냄(김대건, 최양업, 최방제)
- 모방 신부, 샤스탕 신부, 조선 2대 교구장 앵베르 주교, 정하상 바오로 등 조선 교회의 주요 인물들이 순교함

3) 병오박해(丙午迫害) 1846년

- 기해박해로 치명타를 입은 교회는 사라지는 듯했지만 살아남은 이들은 산 속으로 더 깊이 들어가 옹기를 굽고, 화전을 일궈 농사를 지으며 교우촌을 이룸
- 1844년 서품을 받은 한국 최초의 신부 **김대건 안드레아**는 1년 남짓 활동 끝에 1846년 9월 16일 새남터에서 군문효수를 당하고 이를 계기로 병오박해가 시작됨
- 1849년 서품을 받은 조선의 두 번째 신부 **최양업 토마스**는 고국을 떠난 지 14년 만에 돌아와 성무를 집행하다 1862년 과로와 식중독으로 세상을 떠남

4) 병인박해(丙寅迫害) 1866-1873년

- 조선조 말기인 1866년(高宗 3년)에 시작하여 1873년 흥선대원군이 실각할 때까지 계속된 박해로 그 규모와 가혹함, 희생자 수에 있어서 유례를 찾아볼 수 없었던 대박해

5) 4대 박해 이후

- **4대 박해**와 작은 박해들로 **3만여 명의 순교자**를 내며 **피로 지켜 낸 한국 교회**
- 1984년 **103위 순교 성인이 시성됨**(한국 교회 설립 200주년 기념, 요한 바오로2세 교황)
- 2014년 **124위 순교자가 복자품에 오름**(프란치스코 교황)

4. 오늘날의 순교

- 초대 교회 박해 시대에 가장 큰 덕이었던 순교

- 순교를 대신할 덕목으로 자신의 순결을 바치는 동정 생활을 시작함

- 신앙을 스스로 택한 우리는 새로운 덕목으로 순교자들의 대열에 들도록 노력함

- **백색 순교란 하느님을 위해 희생과 봉사, 절제의 덕을 키워 나가는 것으로 오늘날 요청되는 순교이며** 이로써 우리는 순교자들을 본받을 수 있는 것임

활동

복습

1. 오늘 배운 것 중 가장 기억에 남고 중요하다고 생각하는 것을 적어 봅시다.

2. 다음을 읽고 답을 쓰세요.

| 4대 박해란? | 1784년 한국인 최초로 세례를 받은 사람은? |

| 최초의 한국인 사제는? | 하느님을 위해 희생과 봉사, 절제의 덕을 사는 것은? |

실천

자신이 살고 있는 지역 근처의 성지를 방문하여 순교자의 신앙을 본받을 수 있도록 기도해 봅시다. (가톨릭 굿뉴스 '가톨릭 정보' 참조 http://www.catholic.or.kr)

22과 "궁금합니다"(121쪽)를 확인해 보세요.
22과 성인 : 김범우 토마스, 브뤼기에르, 최양업 토마스(132쪽)

제23과 그리스도인의 권리와 의무

학습목표
1. 그리스도인으로서의 권리는 참된 그리스도인으로 양육되는 것임을 알 수 있다.
2. 그리스도인으로서의 다섯 가지 의무를 알고 이를 지킬 수 있다.
3. 그리스도인으로서의 의무를 알아 경제 활동과 사회생활을 통해서 그리스도인다운 모범을 보일 수 있다.

가장 필요한 것

누리는 권리와 사랑의 의무

1. 그리스도인의 권리

- 하느님의 말씀과 성사들로 영적인 도움을 받을 권리
- 그리스도인으로 양육될 권리
  : 성경 통독과 성경 공부, 영성 서적 및 강의, 교리 신학 교육 기관

2. 교회법에 따른 그리스도인의 의무

1) 미사 참례 의무

- 모든 주일
- 주일이 아닌 의무 대축일 : 주님 성탄 대축일(12월 25일), 천주의 성모 마리아 대축일(1월 1일), 성모승천 대축일(8월 15일)

2) 성체성사와 고해성사를 받아야 할 의무

- 적어도 1년에 한 번 부활에 고해성사를 보고 성체를 받아 모셔야 할 의무

3) 단식재와 금육재의 의무

- 단식재는 사순절이 시작되는 재의 수요일과 예수그리스도의 수난 절정인 성금요일에 지킴 (18-60세)
- 금육재는 재의 수요일과 성금요일을 포함하여 매주 금요일에 지키는 것으로 말 그대로 육식을 금하는 것 (14세~생을 마감할 때까지)
- 단식재와 금육재의 진정한 의미는 우리의 회개와 보속의 가시적 행위인 동시에 절약된 몫을 가난한 이들과 나누는 공동체성을 바탕으로 함

4) 교회의 유지비(교무금) 부담의 의무 (말라 3,10)

- 가톨릭교회는 고유한 목적 달성(공적인 예배를 드리는 것, 성직자들과 교회 직원들의 생활비 마련, 사도직 활동과 애덕 사업을 실천)을 위한 재정 확보를 위해 그리스도인들의 의무가 요청됨
- 교무금은 우리가 받는 복에 대한 감사를 드리는 가시적 행위이며, 또한 교회의 일원으로 교회 조직을 유지하게 하는 것
- 각자의 사정에 맞게 주신 복에 감사하는 마음으로 이 의무를 할 수 있어야 함

5) 혼인법을 지켜야 하는 의무 : 21과 참조

3. 경제 활동에서의 그리스도인의 의무 (루카 12,16-21)

- 그리스도인의 경제 활동은 비그리스도인들과 달리 **그 목적은 인간이 되어야 하며 공동체 전체에 유익을 위한** 것이어야 함

- 정의와 평화의 나라를 이루는 **삼위일체 하느님의 뜻**이 유일한 기준이 되어야 함

4. 사회생활에서의 그리스도인의 의무 (마태 25,31-40)

- 가톨릭의 구원은 보편적이고 공동체의 구원을 지향함

- 사회의 구조적 모순을 직시하고, 이로 인해 소외받고 고통받는 사람들은 없는지 살펴야 하고, 그들과 연대하고, 위로할 수 있어야 함

활동

복습

1. 오늘 배운 것 중 가장 기억에 남고 중요하다고 생각하는 것을 적어 봅시다.

2. 다음을 읽고 빈칸을 채우세요.

1) 주일이 아닌 의무 대축일은 주님 성탄 대축일(12월 25일), _____,
성모 승천 대축일(8월 15일)이다.

2) 적어도 1년에 한 번 고해성사를 해야 하는 것을 _____성사라 한다.

3) 단식재는 사순절이 시작되는 _____과 예수 그리스도의 수난 절정인
_____에 지킨다.

4) _____은 우리가 받는 복에 대한 감사를 드리는 가시적 행위이며,
또한 교회의 일원으로 교회 조직을 유지하게 하는 것이다.

실천

그리스도인으로서 꼭 지키고 싶은 나의 다짐

23과 성인 : 성 오스카 로메로, 아베 피에르(위인)(132쪽)

부록

전례력

한 해를 하느님과 함께
의무 대축일
대림 시기
성탄 시기
사순 시기
부활 시기
연중 시기
성월에 대하여

알아봅시다

궁금합니다
과별 성인 성녀·위인 이야기

색인

과별 성경 구절
가톨릭 용어

부록 - 전례력

한 해를 하느님과 함께

전례 시기별로 신부님께서 입으시는 제의 색이 달라집니다.

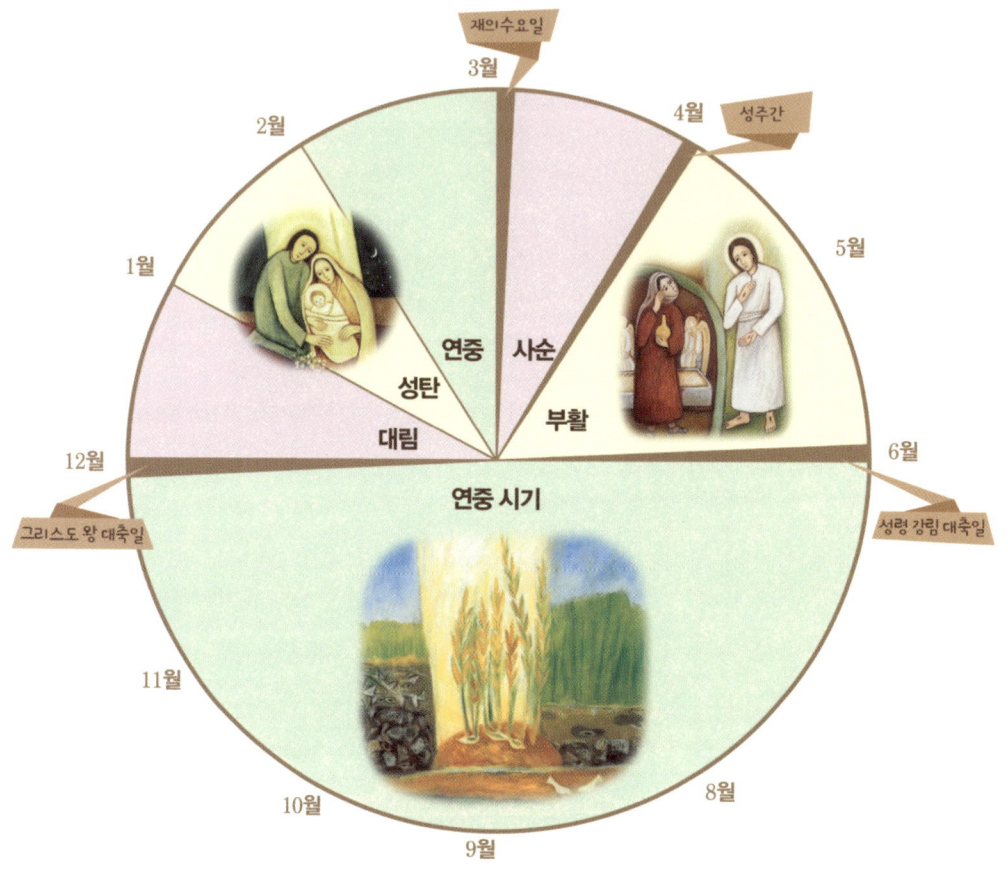

여러분께서는 가족의 생일이나 기념일, 중요한 날들을 어디에 기록해 둡니까?
달력에 기록된 소중한 날들을 기념하고 경축하듯이
우리 교회에서도 중요한 날들을 기록해 두는 달력이 있습니다.
'교회 전례력'이라고 합니다.

교회 전례력을 보면 '대림 시기'로 한 해가 시작됩니다.
대림 시기는 아기 예수님께서 오시는 성탄을 준비하는 4주간의 시기를 말합니다.
성탄 시기 이후 짧은 '연중 시기'가 있습니다.

교회 전례력에서 가장 중요한 대축일은 '부활절'입니다.
'사순 시기'는 부활을 준비하는 40일의 기간을 말합니다.
50일간의 부활 시기 후 연중 시기가 계속되고
'그리스도 왕 대축일'이 한 해의 마지막 주가 됩니다.

의무 대축일

교회는 1년 동안 하느님께서 우리에게 행하신 중요한 신비나 업적들을 되새기며
특별한 날을 지냅니다.
또한 성모 마리아와 성인들을 사랑으로 공경하도록 축일이나 기념일을 정해 놓았습니다.
모든 신비와 성인의 경축을 그 중요도에 따라
대축일·축일·기념일로 구분하고 있습니다.

주님 부활 대축일은 주일에 지내지만 다른 대축일은 매년 요일이 바뀝니다.
천주의 성모마리아 대축일, 성모 승천 대축일, 주님 성탄 대축일은
잘 기억하여 주일미사와 같이 꼭 미사 참례를 해야 합니다.

	대축일	내용
	주님 부활 대축일	예수 그리스도께서 부활하신 것을 기념하는 교회 최대의 축일
	천주의 성모 마리아 대축일 (1월 1일)	성모 마리아께서 하느님이신 예수 그리스도를 낳으심으로써 하느님의 어머니가 되신 신비를 기억하는 날
	성모 승천 대축일 (8월 15일)	성모 마리아께서 지상 생활을 마치시고 영혼과 육신이 하늘로 들어 올림 받으심을 기념하는 날
	주님 성탄 대축일 (12월 25일)	하느님이신 성자 예수 그리스도께서 인간에 대한 사랑과 인류 구원을 위해 세상에 탄생하신 날

부록 - 전례력

대림 시기(待臨, Advent)

아기 예수님을 기쁨으로 기다리는 '성탄' 전 4주간

이때 제대 앞에 '대림환'을 만들어 장식합니다.
대림환은 둥근 모양으로 푸른 가지들을 사용해 만들고, 4개의 초로 장식합니다.
주일마다 하나씩 초를 밝히며 빛으로 오시는 예수님을 기다립니다.

기다림의 시기인 만큼 제대에 화려한 장식을 피합니다.
미사 때 '대영광송'을 바치지 않습니다.
회개로 주님께서 오실 날을 준비한다는 의미로 보라색 제의를 입습니다.

오시는 예수님을 맞이하기 위해 신자들은 고해성사(판공성사)로 마음을 정화합니다.

"조심하고 깨어 지켜라"(마르 13,33) 말씀하신 예수님의 말씀을 따라
기도와 선행으로 곧 오실 예수님을 맞을 준비를 하는 기간입니다.

성탄 시기(聖誕, Christmas)

예수님 탄생의 신비와 기쁨을 축하하는 시기

성탄을 '크리스마스'(Christmas)라고 하는데 이는 '그리스도의 미사'라는 뜻으로 그리스도의 탄생을 축하하는 미사를 드리기 때문입니다.

하느님이신 예수님께서 가난한 외양간에서 탄생하심을 기념하는 '성탄 밤 미사'(12월 24일 밤)부터 성탄 축제가 시작됩니다. '주님 성탄 대축일(12월 25일)'부터 '천주의 성모 마리아 대축일'(1월 1일)까지 8일 동안 성탄 팔일 축제를 지냅니다. 성탄 시기는 예수님께서 세례를 받으심을 기념하는 '주님 세례 축일'로 끝이 납니다.

이 기간 동안 '예수, 마리아, 요셉의 성가정 축일'과 동방 박사 세 사람이 별을 보고 예수님 탄생하신 곳을 찾아와 경배한 것을 기념하는 '주님 공현 대축일'이 있습니다.
주님의 공현이라는 말은 공적으로 주님께서 드러나심을 의미합니다.

12월 25일은 로마의 태양신 숭배일이었습니다. 하지만 313년 콘스탄티누스 황제의 밀라노 칙령에 의해 종교 자유가 허락되고, 그리스도교가 로마의 국교가 되면서 다신 숭배 중 하나였던 태양신 숭배의 날을 예수님 탄생일로 전환시켜 지냅니다. 그 이유는 세상의 참빛이신 예수님께서 오셨기 때문입니다.

성탄의 진정한 의미는 예수님께서 당신 자신을 우리에게 선물하신 것처럼 우리도 이웃과 사랑을 나누는 데 있습니다.

> 부록 - 전례력

사순 시기(四旬, Lent)

예수님의 수난과 죽음을 묵상하며 고통받으시는 예수님과 하나가 되는 시기

'사순'(四旬)이라는 말처럼 예수님의 부활 전 '40일' 동안 자신의 죄를 뉘우치고 반성하며 보속하면서 부활을 준비하는 기간입니다.

머리에 재를 얹는 '재의 수요일'로 시작해서 '주님 부활 대축일'까지의 시기인데 주일은 제외가 됩니다. 그 이유는 매 주일은 예수님의 부활을 기념하는 날이기 때문입니다.

이 기간 동안 미사 중에 '알렐루야와 '대영광송'을 하지 않고, 대림절과 마찬가지로 보라색 제의를 입습니다.

사순 시기 끝에 성주간이 있는데, '주님 수난 성지 주일'부터 시작합니다.

파스카 성삼일은 예수님의 최후 만찬과 성체성사 제정을 기념하는 '성목요일', 예수님께서 돌아가심을 묵상하는 '성금요일', 고요히 예수님의 부활을 기다리는 '성토요일'입니다.

부록 - 전례력

부활 시기(復活, Easter)

그리스도교의 가장 중요한 사건인 예수님 부활의 신비를 기념

그리스도교 최대 축제일인 '주님 부활 대축일'부터 시작하며 '하느님의 자비 주일'(부활 제2주일)까지 8일간 부활 팔일 축제를 지냅니다.

예수님께서 부활하신 후 하늘나라로 올라가신(40일 후) '주님 승천 대축일'(부활 제7주일)을 지내며, 성령께서 내려오시어 교회가 세상에 드러난 것을 기념하는 '성령 강림 대축일'로 끝이 납니다. 50일간의 축제를 지내게 되지요.

'알렐루야'와 '대영광송'이 울려 퍼지고 환희와 영광을 나타내는 흰색 제의를 입습니다.

예수님의 부활이 없었다면 그리스도교는 생겨나지 않았을 것입니다. 그러므로 예수님의 부활과 우리의 부활을 더욱 굳게 믿으며 기쁨의 생활을 할 수 있어야 하겠습니다.

부록 - 전례력

연중 시기(年中, Ordinary)

교회력의 특별한 시기를 제외한 일반적 시기

'성탄 시기' 다음부터 '사순 시기' 전까지, 또 '성령 강림 대축일' 후부터 '대림 시기' 전까지이며, '그리스도 왕 대축일'이 그 해의 마지막 연중 주간입니다.

연중 33주간 또는 34주간을 지내는데 희망을 상징하는 녹색 제의를 입습니다. 이 기간 동안 '지극히 거룩하신 삼위일체 대축일', '지극히 거룩하신 그리스도의 성체 성혈 대축일', '예수 성심 대축일' 등이 거행됩니다.

주요 대축일			
3월 19일	복되신 동정 마리아의 배필 성 요셉 대축일	'그리스도의 성체 성혈 대축일' 주간 금요일	예수 성심 대축일
3월 25일	주님 탄생 예고 대축일	9월 20일	성 김대건 안드레아 사제와 성 정하상 바오로와 동료 순교자 대축일
6월 24일	성 요한 세례자 탄생 대축일	11월 1일	모든 성인 대축일
6월 29일	성 베드로와 성 바오로 사도 대축일	12월 8일	한국 교회의 수호자, 원죄 없이 잉태되신 복되신 동정 마리아 대축일

부록 - 성월

성월(聖月)에 대하여

우리나라에서 5월을 '가정의 달'로 지정하여 특별히 가정을 기억하도록 한 것처럼
교회력에서도 특정 달을 특별한 지향을 두며 기도하고 있습니다.

성월 명	지 향
3월 성 요셉 성월	**성모 마리아의 남편 성 요셉의 믿음과 겸덕을 기념하고 본받고자 노력하는 달**입니다. 성 요셉은 예수님의 양부로서 예수님을 양육하고, 아내 마리아를 돌보아 주신 분입니다. 교회의 수호자, 임종하는 이의 수호자, 노동자의 수호자, 정결의 수호자로 공경을 받고 있습니다. '성 요셉 성월 기도'를 바치면서 성 요셉의 전구를 청할 수 있으며 공경을 드릴 수 있습니다.
5월 성모 성월	**성모 마리아의 신앙과 순명의 덕을 묵상하며 본받고자 노력하는 달**입니다. 성모상을 아름답게 꾸미고 '성모의 밤' 신심 행사를 하면서 구원의 협조자인 마리아께 대한 우리의 감사와 사랑을 드립니다.
6월 예수 성심 성월	**인간을 위해 살과 피, 목숨을 바치신 예수 그리스도의 마음(거룩한 마음, 성심)을 묵상하는 달**입니다. 예수 성심(聖心)은 예수님의 전 생애를 통해 인간을 사랑하신 예수님의 사랑의 마음을 의미합니다. '예수 성심 성월 기도'를 자주 바치며, 우리를 위한 예수님의 마음에 더 가까이 다가설 수 있습니다.
9월 순교자 성월	한국 교회는 100년 동안의 박해 속에서 많은 순교자들을 낳았습니다. 1984년 103위 순교자들이 성인품에 올랐고, 2014년 8월 124위의 순교자들이 복자품에 올랐습니다. **한국 교회는 순교자들의 덕과 신앙을 기억하며 본받고자** 특별히 9월을 순교자 성월로 지냅니다. 피를 흘려 신앙을 지켜 낸 순교자들의 공로로 우리는 자유로이 신앙생활을 할 수 있습니다. '순교자 성월 기도'를 바치며 순교 정신을 닮아 가도록 노력해야 합니다.
10월 묵주기도 성월	묵주기도를 통해 예수그리스도의 생애를 묵상하며, 성모님의 전구를 청할 수 있습니다. 묵주기도는 그리스도의 신비에 친숙하도록 도와주는 신심 행위이기에 많은 성인들과 교황들이 이 기도를 자주 바칠 것을 권고하였습니다. 교황 레오 13세(1878~1903년 재위)는 10월을 묵주기도 성월로 정하여 **묵주기도를 바치며 거룩히 지내도록** 하였습니다.
11월 위령 성월	**세상을 떠난 이들을 기억하며 연옥 영혼들을 위해 기도하는 달**입니다. 1~8일까지 묘지를 방문하여 기도를 하면 전대사를 얻을 수 있고, 이를 연옥 영혼에게 양도할 수 있습니다. 이로써 우리의 공로로 연옥영혼을 구원할 수 있습니다. 11월 2일을 위령의 날로 지내면서 3대의 미사를 드립니다.

부록 - 알아봅시다

궁금합니다

1과	**Q. 하느님께서는 어디에 계십니까?** A. 하느님께서는 어느 곳에나 계십니다. 하느님께서는 이 세상 만물의 창조주로서 당신 자신을 계시(드러내 보여 주심)하시는데 인간의 양심과 자연은 하느님의 간접 계시에 속합니다. 그러므로 하늘, 하늘나라라는 공간에 매이지 않으십니다. **Q. 하느님의 성별은 무엇입니까?** A. 하느님께서는 우리처럼 육을 지니지 않으셨기에 남자도 여자도 아니십니다. 하느님을 아버지라 부르는 것은 하느님께서 모든 것을 있게 해 주신 근원이 되기 때문입니다.
2과	**Q. 기도할 때 예수님 말씀이 들려오지 않는가요?** A. 우리 마음에는 하느님 말씀을 들을 수 있는 마음의 귀가 있습니다. 그것이 바로 양심입니다. 사람과 대화할 때 상대의 말이 들리듯 그분의 소리가 들려오지 않지만 양심을 통해 우리는 그분의 뜻을 알 수 있습니다. **Q. 기도를 누워서, 먹으며, 화장실에서 할 수 있습니까?** A. 기도는 언제 어느 곳에서나 바칠 수 있습니다. 하지만 우리가 누군가와 대화를 할 때 다른 일을 하면서 대화하지 않지요. 상대에 집중해 이야기를 나누듯이 기도도 하느님께 집중할 수 있는 장소와 자세를 취하면 더 좋겠지요.
3과	**Q. 미사 중 복사들이 종을 치는 이유는 무엇입니까?** A. 미사의 절정에 이르러 빵과 포도주가 예수님의 몸과 피로 변화됩니다. 그 순간을 알리는것이 첫 번째 종입니다. 그 다음은 '거양성체' 즉 성체를 들어 올려 우리에게 보여 줄 때 종이 울립니다. 거양성체 때 우리는 성체를 흠숭의 마음으로 바라보고 사제와 함께 깊은 절을 드립니다.
4과	**Q. 성경에 창세기가 제일 먼저 나오는데, 창세기가 제일 먼저 쓰였기 때문입니까?** A. 아닙니다. 성경은 오랫동안 많은 사람들이 기록한 것들을 어느 시기에 모아 내용에 따라 나누고 순서를 정해 책을 엮은 것입니다. 창세기는 세상이 어떻게 창조되었는지의 내용을 담고 있다고 해서 붙여진 이름이고, 내용상 제일 앞에 놓인 것입니다.
5과	**Q. 하느님은 누가 만들었습니까?** A. 하느님께서는 만들어진 것이 아니라 스스로 계신 분이십니다. 하느님께서는 세상이 있기 전부터 계셨고, 세상이 끝나도 계시는 영원한 현재이십니다. 시작도 끝도 없이 항상 계신 분이십니다.
6과	**Q. 하느님께서는 왜 선악과를 만드셨습니까?** A. 선악과는 세상의 선과 악을 판단하는 유일한 분은 하느님이심을, 인간은 하느님의 뜻을 따라야한다는 것을 가르쳐 주는 비유입니다. 이는 하느님께서 사람의 자유를 막는 것이 아니라 하느님과 함께 영원히 행복하게 살기 위해 필요한 질서입니다.

부록 - 알아봅시다

7과	**Q. 하느님께서 이스라엘 백성만 선택하였다면 공평하신 하느님이 아니신 것 아닙니까?** A. 하느님께서 당신 뜻을 알리기 위해 이스라엘 백성을 선택하셔서 축복해 주셨지만, 다른 민족들을 버리신 것은 아닙니다. 바로 예수님을 우리에게 보내시어 온 인류를 구원하셨기 때문입니다.
8과	**Q. 키루스 해방령이 무엇입니까?** A. BC538년 이스라엘 백성은 페르시아 왕 키루스 2세의 해방령에 의해 예루살렘으로 돌아올 수 있게 되었습니다. 반세기 만에 고향으로 돌아올 수 있었던 이들은 유배 2세대들이었습니다. 19세기 바빌론 궁 유적지에서 키루스 대왕비문이 발견되었는데 여기에 해방령의 내용이 실려 있습니다. 이 비문은 대영 박물관에 소장되어 있습니다.
9과	**Q. 성탄을 X-mas 라고도 하는데 그 이유가 무엇입니까?** A. 성탄을 영어로 Christmas라고 합니다. 그리스도께 드리는 미사라는 뜻이지요. 그리스도를 그리스어로 Xristhos라고 하며 첫 글자를 따서 X-mas라고 줄여 쓰기도 합니다. 하지만 '엑스마스'라고 읽는 것은 맞지 않습니다. X는 그리스어의 알파벳 X(키)입니다.
10과	**Q. 예수님께서는 실제로 어떻게 생겼습니까? 그림마다 예수님 얼굴이 다릅니다.** A. 예수님 시대에는 실물 그대로를 그리거나 찍을 수단이 없었습니다. 다만 사람들이 상상해서 그분의 모습을 그리는 것입니다. 그리스도교가 유럽에 전파되면서 그곳 사람들이 예수님을 자신들의 모습과 흡사하게 그렸습니다. 하지만 중동 지역에서 탄생하셨으니 그들의 모습을 가지셨겠지요. 예수님의 외모가 우리의 신앙에 영향을 주는 요소는 아닙니다.
11과	**Q. 예수님의 십자가 위에 INRI라는 글씨는 무슨 뜻입니까?** A. 이 당시 죄인들을 십자가형에 처할 때 그 사람이 어떤 죄를 지었는지 나무판에 적어 매달았습니다. 예수님께서는 유다인의 왕이 되려 했다는 오해를 받고 십자가형에 처해지셨습니다. 그래서 그 죄목이 "유다인의 왕 나자렛 예수(Iesus Nazarenus Rex Iudaeorum)"라는 죄목의 첫 글자들을 모은 것이 INRI입니다. **Q. '십자가의 길' 기도는 무엇입니까?** A. 예수님께서 사형 선고를 받으시고 고난의 길을 걸어 십자가에 못 박혀 돌아가시고 묻히시기까지 14개의 중요 장면을 그림 또는 조각으로 형상화하여 성당 벽에 걸어 놓은 것을 보셨을 것입니다. 예수님 수난의 길을 따라 걸으며 바치는 기도라는 뜻으로 14처를 따라 각 처를 묵상하며 드리는 기도를 '십자가의 길' 기도라고 합니다.
12과	**Q. 부활 시기가 되면 성당 안에 큰 초를 켜 놓는 것을 보았는데 그 초는 무엇입니까?** A. 이 초를 부활초라 부릅니다. 빛이 되어 오신 부활하신 예수님을 상징합니다. 부활 성야 미사 때 축성하여 부활 시기 동안 켭니다. 세례성사 때 이 초에서 불을 밝혀 세례자들에게 줍니다.
13과	**Q. 사도들은 성령 강림 날에 성령을 받았는데 우리는 언제 성령을 받게 됩니까?** A. 우리는 세례성사를 통하여 성령을 받습니다. 또 견진성사를 통하여 성령의 특별한 은혜(성령칠은)를 받습니다.

부록 - 알아봅시다

14과	**Q. 천사는 정말 있습니까?** A. 천사는 영적인 존재로 우리가 직접 볼 수 없지만 하느님께서 창조하신 피조물로 존재합니다. 우리는 태어나면서부터 죽기까지 천사의 보호와 도움을 받습니다. 우리 각자를 보호해 주는 천사를 '수호천사'라 합니다. 성경에 직접 언급된 천사는 케루빔, 세라핌, 대천사 등이 있습니다. 천사는 하느님의 사신으로서 역할을 합니다. **Q. 마리아를 공경하는 것이 삼위일체 하느님을 섬기는 것에 어긋납니까?** A. 가톨릭에서는 공경의 단계를 둡니다. 하느님께 드리는 공경을 '흠숭지례'라고 하고, 성모님을 공경하는 것을 '상경지례'라고 합니다. 다른 성인들을 공경하는 것을 '공경지례'라고 하지요. 이렇듯 흠숭의 유일한 대상은 하느님이시고, 다른 분들께 공경을 드리는데 성모님은 구원의 협력자로서 큰 역할을 하셨기에 특별히 큰 공경을 드린다하여 상경지례라 합니다. 성모님을 통하여 예수님께로 더 쉽게 갈 수 있기에 성모님을 공경하는 것이 삼위일체 하느님을 섬기는 데 도움이 됩니다.
15과	**Q. 십계명이 개신교와 가톨릭이 왜 다릅니까?** A. 가톨릭과 루터교는 5세기 성 아우구스티노의 분류법을 따르고, 개신교는 유다교 학자인 필론의 분류법을 따르기 때문에 차이가 있습니다. 하지만 내용상으로는 차이가 없습니다.
16과	**Q. 우리가 가난하고 병든 사람에게 베푼 것을 예수님께 해 준 것이라고 하는 이유는 무엇입니까?** A. 최후의 심판(마태25,31-46)에서 예수님께서 이 말씀을 직접 하셨습니다. 이를 증거하듯이 4세기의 성인 마르티노 이야기에서 이 성경 내용을 다시 볼 수 있습니다. 마르티노는 군인이었습니다. 구걸하는 거지에게 돈이 없어 자신의 망토를 반으로 잘라 주었는데 예수님께서 꿈에 그 망토를 입고 나타나 '거지에게 해 준 것이 곧 내게 해 준 것'이라며 고마운 마음을 전했습니다.
17과	**Q. 신자들이 성물을 사면 신부님께 무언가 받던데 그것이 무엇입니까?** A. 이는 준성사에 해당하는 것으로 '축복'이라고 합니다. 준성사란 성사의 은총을 잘 받을 수 있도록 준비시키고, 일상의 여러 상황을 거룩하게 하고자 교회가 제정한 성스러운 표징입니다. 준성사에는 항상 기도가 포함되며, 십자성호, 성수 뿌림, 안수 등의 일정한 표징을 갖습니다. 성물, 성수, 차, 집, 가게 등의 축복이 여기에 해당합니다.
18과	**Q. 세례성사를 아기 때 받아 아무것도 기억나지 않는데 또 받을 수 있습니까?** A. 세례, 견진, 성품성사는 인호를 받는 성사로 일생에 단 한번만 받을 수 있습니다. 유아세례는 부모의 신앙을 보고 교회가 주는 성사입니다. 성사의 은총의 효과 중 사효성에 해당되며 유효한 성사이므로 다시 받을 수 없습니다.

18과	**Q. 세례는 꼭 신부님만 주실 수 있습니까?** A. '갑자기 죽을 위험에 있는 사람에게 비상세례인 '임종 대세'는 누구든지 베풀수 있습니다. 천주교의 네 가지 근본 교리, 곧 하느님의 존재, 삼위일체이신 하느님의 아드님 예수그리스도의 강생 구속, 하느님의 심판과 영생에 대한 교리를 듣고 신앙을 받아들인다는 대답을 하여야 합니다. 그리고 "나는 성부와 성자와 성령의 이름으로 □□□에게 세례를 줍니다."라고 말하며 이마에 깨끗한 물을 부으면 세례가 이루어집니다. 대상자가 의식이 없더라도 평소에 가톨릭 신앙을 원했던 경우라면 세례가 가능하며, 만일 건강을 회복할 경우 교리교육을 받고 보례(補禮) 즉, 물로 씻는 예절을 뺀 나머지 예절을 보충하면 다른 성사를 받을 수 있습니다. 대세를 베풀었다면 관할 본당에 반드시 알려야 합니다.
19과	**Q. 고해성사 때 신부님께 받은 '보속'을 잊어버리면 어떻게 합니까?** A. 신부님께 말씀드리고 다시 보속을 받으면 됩니다. **Q. 전화나 인터넷을 통해서 고해성사를 보면 안 됩니까?** A. 청혼이나 중요한 고백을 할 때 인터넷이나 전화를 사용하지 않는 것처럼 고해성사는 그리스도와 참회자의 인격적 만남이기 때문에 매체를 사용하지 않습니다. 또한 고해의 비밀을 위해서도 매체 사용이 허용되지 않습니다.
20과	**Q. 하루에 영성체를 몇 번 할 수 있습니까?** A. 교회는 영성체를 자주 하는 것을 권장합니다. 하지만 같은 미사가 아니어야 하며, 하루 2번까지만 가능합니다. 성체를 자주 모시려면 매일 미사에 참례하는 것이 바람직합니다.
21과	**Q. 바오로 특전이 무엇입니까?** A. 비신자인 배우자가 도덕적 문제가 있거나, 평화로운 혼인 생활을 지속할 의지가 없을 경우 교회는 바오로 특전을 베풀어 혼인을 무효화합니다. 이는 1코린1,15에 근거를 둡니다. "신자 아닌 쪽에서 헤어지겠다면 헤어지십시오. 그러한 경우에는 형제나 자매가 속박을 받지 않습니다."
22과	**Q. 가톨릭에서는 제사를 지낸다고 알고 있는데 왜 박해 시대에는 우상 숭배라고 금했습니까?** A. 가톨릭은 선교에 있어 복음의 순수성과 보편성을 유지하는 것과 각 문화에 토착화되는 것 사이에서 오랜 갈등이 있어 왔습니다. 100년 동안의 논쟁 끝에 제사를 미신 행위로 간주하여 금지 명령을 내립니다. 제사 문제는 선교 정책의 문제와 맞물립니다. 이 배경에는 문화적응주의를 택한 예수회 소속 선교사들과 이를 용납하지 않는 도미니코회와 프란치스코회의 대립이 있었습니다. 예수회는 16세기에 중국 선교를 시작하였고, 우리가 잘 아는 마테오 리치 신부도 예수회 소속 사제였습니다. 이들은 오랜 기간 선교하면서 유교 문화에 대한 이해가 높았고, 선교 대상도 중국의 지식층이었기에 그들을 이해하고, 이해시키기 용이했습니다. 하지만 예수회보다 반세기 늦게 선교를 시작한 도미니코회와 프란치스코회의 선교사들은 시골 서민층을 선교대상으로 하였고, 미신화된 제사 문제를 용납하기 어려웠습니다. 20세기에 와서야 완화된 제사문제는 여전히 토착화와 대립되기에 더 많은 연구가 필요합니다. 지금도 제사에서 금지하는 행위는 혼을 부르는 예식, 사자(死者) 밥, 반함(飯含:죽은 자의 입에 구슬이나 쌀을 물리는 행위), 신위라는 글씨가 있는 위패를 모시는 것입니다. 이를 제외한 제사의 예식은 모두 존중합니다.

부록 - 알아봅시다

과별 성인 성녀·위인 이야기

하느님의 좋으심을 전하였습니다

	이름	특징	축일
1과	**성녀 율리아 빌리아르** St. Julie Billiart 1751-1816 수도자, 프랑스	'노틀담 수녀회'를 창설하였으며, 육신적·정신적 고통 중에서도 교리교육을 통해 하느님의 좋으심을 전하였습니다. [말씀] 오, 얼마나 좋으신 하느님 이신가?	4월 8일 (성녀)
	성 요한 보스코 St. John Bosco 1815-1888 사제, 이탈리아	청소년 교육에 지대한 관심을 가지고 '살레시오 수도회'를 창설하였으며, 청소년 교육 안에서 하느님의 선하심을 선포하였습니다. [말씀] 사랑하는 것만으로 충분하지 않습니다. 사랑받고 있음을 알게 사랑하십시오.	1월 31일 (성인)
	성 필립보 네리 St. Philip Neri 1515-1595 사제, 이탈리아	쾌활하고 착한 성품의 소유자로 '삼위일체 형제회'를 설립하였으며, 유머 감각이 풍부하고 명랑한 성인으로 알려져 있습니다. [말씀] 기쁘게 지내라, 그러나 죄를 짓지 마라!	5월 26일 (성인)

기도의 모범이 되었습니다

	이름	특징	축일
2과	**성 이냐시오** St. Ignatius 1491-1556 스페인 로욜라	군인이었는데 부상 후 침대에서 성인전을 읽다가 자신의 생활을 반성하였습니다. 기도, 극기, 묵상 중에 '영신수련'이라는 유명한 기도 책을 저술하였습니다. '예수회'라는 수도회를 세웠고, 피정과 영신수련의 수호성인으로 선언되었습니다.	7월 31일 (성인)
	성녀 대 데레사 St. Teresa 1515-1582 스페인 아빌라	카르멜회 수녀, 기도 중에 환시를 보았으며, 카르멜 수도원을 개혁하였고, 기도의 대가(大家)로서 많은 영성 서적을 저술하였습니다. [말씀] 기도는 많이 생각하는 것이 아니라 많이 사랑하는 것이다.	10월 15일 (성녀)
	성 도미니코 St. Dominic 1170-1221 스페인	이단을 상대로 설교하였고, 도미니코 수도회를 창설하였습니다. 설교가로 유명하였고, 기도생활을 열심히 하였는데, 특히 묵주기도를 많이 하였고 이를 전파하는 데에 노력하였습니다.	8월 8일 (성인)

부록 - 알아봅시다

미사의 은총에 대해 알려주었습니다

	이름	특징	축일
3과	성 요한 크리소스토모 St. John Chrysostom 344-407 콘스탄티노플	뛰어난 설교가로 금구(금으로 된 입)라는 별명을 얻었습니다. 동방 교회 4대 교부로 많은 신·구약 설교집을 남겼으며, '성체성사의 박사'라고 불립니다. [말씀] 미사가 봉헌될 때, 제물로 바쳐진 희생양을 흠숭하기 위해 수많은 천사들이 제대 주변을 가득 메웁니다.	9월 13일 (성인)
	성 알폰소 St. Alphonsus 1696-1787 이탈리아	16세 때 변호사가 되었습니다. 주교가 되어 나폴리에서 가난한 이들을 위해 남·녀 '구속주회'를 창설하고 많은 책을 저술하기도 하였습니다. 설교가이자 윤리 신학자들의 수호성인입니다. [말씀] 미사는 그 가치가 무한합니다. 미사는 하느님 자신입니다.	8월 1일 (성인)
	성녀 비르지타 St. Birgitta 1303-1373 스웨덴	12세부터 하느님의 계시를 체험하였으며, 자녀 중 한 명이 스웨덴의 성녀 가타리나입니다. 환시에 의해 '삼위일체회'를 세웠으며, 하느님의 예언을 전하고 기도와 나눔의 생활을 하였습니다. [말씀] 제가 미사에 참례하였을 때 천사들이 제대 주변을 에워싸 마치 천국에 와 있는 듯하였습니다.	7월 23일 (성녀)

복음서를 기록하였습니다

4과

성 마태오
(St. Matthew, 1세기, 이스라엘)
갈릴래아 지역의 세리(세금징수원) 출신으로 예수님의 12제자 중 한 명이 되었습니다.

서기 60~90년경 마태오 복음서(상징: 사람) 저술함.
축일: 9월 21일 (성인)

성 마르코
(St. Mark, 1세기, 이스라엘)
키프로스 태생의 레위인, 성 베드로의 제자로 성 바오로와 함께 1차 전도 여행을 하였습니다.

서기 60~70년경 마르코 복음서(상징: 사자) 저술함.
축일: 4월 25일 (성인)

성 루카
(St. Luke, 1세기, 안티오키아)
그리스인 의사로 성 바오로와 함께 1, 2차 전도 여행을 했으며, 화가로 성모님 초상화를 그리기도 하였습니다.

서기 70~90년경 루카 복음서(상징: 황소)와 사도행전 저술함.
축일: 10월 18일 (성인)

성 요한
(St. John, 1세기, 이스라엘)
갈릴래아 어부, 제베대오의 아들로 형 야고보와 함께 예수님의 12제자가 되었습니다. 예수님의 가장 사랑받던 제자라고 알려져 있습니다.

서기 100년경 요한 복음서(상징: 독수리)와 서간 3개와 묵시록 저술함.
축일: 12월 27일 (성인)

부록 - 알아봅시다

자연(창조물)을 사랑하였습니다

	이름	특 징	축 일
5과	성녀 힐데가르트 St. Hildegard 1098-1179 독일의 빙엔	수녀원장으로 신비 체험을 한 것을 글로 기록하고 독일 전역을 돌아다니며 설교하였습니다. 자연의 아름다움에서 하느님을 발견하였으며, 자연 치료법을 개발하고 1000여 종의 동식물 이름을 부여하였습니다. 환경의 수호성인입니다. [말씀] 우리가 하느님을 볼 수는 없습니다. 그러나 창조 세계를 통해 그분을 알 수 있습니다.	9월 17일 (성녀)
	성 프란치스코 St. Francis 1181-1226 이탈리아의 아시시	부유한 상인의 아들이었지만 모든 재산을 다 버리고 가난하게 살며 나중에 '작은 형제회' 수도회를 세웠습니다. 그리스도의 오상을 받아 '제2의 그리스도'라 불리기도 합니다. 자연을 사랑하여 생태계의 수호성인이 되었습니다. 태양의 찬가를 지었습니다. [말씀] 하느님의 말씀을 마음 안에, 그리고 마음을 하느님 안에.	10월 4일 (성인)
	성 이시도로 St. Isidore 1070-1130 스페인	노동자로 신심이 매우 깊었고, 수많은 기적을 행하였습니다. 자신도 가난하였지만 비록 적은 것이라도 함께 나누면서 살았습니다. 땅을 사랑하였고, 동물까지 사랑하여 한겨울에는 새들을 먹였습니다. 농부들의 수호성인입니다.	5월 15일 (성인)

자유를 위해 일하였습니다

	이름	특 징	축 일
6과	성 막시밀리아노 콜베 St. Maximilian Kolbe 1894-1941 폴란드	프란치스코회에 입회하여 성모님에 대한 사랑으로, '성모의 기사회'를 만들어 잡지를 발행하였습니다. '자유'라는 글을 실어 나치 수용소에 갇혔는데, 감옥에서 사형을 당하게 된 사람을 위해 대신 죽겠다고 자진하여 순교하였습니다. [말씀] 저 사람 대신에 내가 죽겠소!	8월 14일 (성인)
	안중근 토마스 安重根 Thomas 1879-1910 황해도 해주	17세 때 영세하였고, 일제강점기에 독립운동을 펼쳤습니다. 침략의 원흉인 이토 히로부미를 만주 하얼빈에서 사살하고 잡혀 사형당하였습니다. 1962년 건국훈장 대한민국장을 받았습니다. [유언] 나의 끼친 뜻을 이어 자유 독립을 회복하면 죽는 여한이 없겠노라.	3월 26일 (위인)
	성 안셀모 St. Anselm 1033-1109 영국 캔터베리	수도원 원장, 대주교로 신앙이 지성과 조화를 이루도록 한 위대한 신학자였습니다. 중세 스콜라 철학의 아버지라고 불립니다. [행적] 교회에서 처음으로 노예 매매를 반대하며 인신 매매 금지 결의안을 얻어냄.	4월 21일 (성인)

부록 - 알아봅시다

민족 해방을 위해 일하였습니다

	이름	특징	축일
7과 8과	성녀 잔 다르크 St. Jeanne d'Arc 1412-1431 프랑스	가난한 농부의 딸로 프랑스와 영국의 백 년 전쟁 중 "프랑스를 구하라"는 하느님의 목소리를 듣고 전쟁에 나가 위기에 놓인 프랑스에 승리를 안겨주었습니다. 프랑스 제2의 수호성인입니다. [행적] 오른손에 검을 잡고, 왼손에는 '예수 마리아'의 이름을 기록한 기를 들고 언제나 진두에 서서 지휘하였다.	5월 30일 (성녀)
	성 여호수아 St. Joshua BC 12세기경 이스라엘	구약 성경에 등장하는 인물로 모세의 시종이었으나 그가 생을 마감하자(신명 34장) 후계자로 임명되어 이스라엘 백성을 이끌고 요르단 강을 건너 약속의 땅으로 들어갔습니다. 여호수아는 임종을 앞두고 진정으로 야훼 하느님을 경외할 것을 부탁하고 110세에 선종하였습니다. '여호수아'는 "주님은 구원이시다"라는 뜻입니다.	9월 1일 (성인)
	넬슨 만델라 Nelson Mandela 1918-2013 남아프리카 공화국	아프리카 민족회의 지도자로 27년간 감옥 생활을 하면서도 흑인 차별 정책에 대해 대항하였습니다. 남아프리카 공화국 최초의 흑인 대통령이 되었으며, 인종차별정책을 철폐한 공로로 1993년 노벨평화상을 수상하였습니다. [말씀] 아프리카에서 흑인이 단 한 명이라도 자유롭지 않은 한 나 자신도 자유로울 수 없다.	12월 5일 (위인)

성탄과 관계있는 분들입니다

	이름	특징	축일
9과	성 요셉 St. Joseph 1세기경 이스라엘	마리아의 남편, 예수님을 기른 양아버지로, 조용히 드러나지 않은 가운데 성가정의 가장 역할을 충실히 수행하였습니다. 직업은 목수로, 마리아와 예수님을 돌보다가 이들이 보는 데서 가장 행복한 죽음을 맞이하였습니다. 교회, 노동자, 가정, 임종자의 주보성인입니다.	3월 19일 (성 요셉 대축일) 5월 1일 (노동자의 주보)
	성 니콜라오 St. Nicholas 270?-341 소아시아의 미라	미라의 주교로 자신의 유산을 가난한 이들에게 몰래 나누어 주었습니다. 특히 너무 가난해 세 딸들을 팔아 버리기로 한 집의 창문으로 세 자루의 황금을 던져 놓고 사라졌다고 합니다. 죄수들과 어린이들의 수호성인으로 산타클로스의 유래가 됩니다.	12월 6일 (성인)
	동방 박사 발타사르(Balthasar) 가스파르(Gaspar) 멜키오르(Melchior) 1세기경 동방	마태오 2장 1-12절에 나오는 세 박사로, 아기 예수님을 예배하기 위하여 먼 동방에서 별을 따라 찾아와 예수님께 경배드리고, '황금'과 '유향'과 '몰약'을 예물로 바쳤다고 합니다. 현대 학자들은 그들이 바빌로니아나 아라비아에서 온 점성가(현인)라고 합니다.	1월 6일 (성인)

부록 - 알아봅시다

예수님의 열두 사도 (성 마태오와 성 요한은 복음사가이므로 4과에 나옴)

10과

성 베드로	성 안드레아	성 대(大) 야고보	성 필립보	성 바르톨로메오
St. Peter	St. Andrew	St. James	St. Philip	St. Bartholomew
열두 사도의 으뜸	베드로의 형제	요한의 형	벳사이다 출신	이름은 나타나엘
축일: 6월 29일	축일: 11월 30일	축일: 7월 25일	축일: 5월 3일	축일: 8월 24일

성 토마스	성 (소(小)) 야고보	성 타대오	성 시몬	성 마티아
St. Thomas	St. James	St. Thaddaeus	St. Simon	St. Matthias
쌍둥이, 의심 많음	예수님의 친척	유다라고 함	혁명당원	배반자 유다 자리를 채움
축일: 7월 3일	축일: 5월 3일	축일: 10월 28일	축일: 10월 28일	축일: 5월 14일

십자가의 예수님을 만났습니다

11과

	이 름	특 징	축 일
	성녀 베로니카 St. Veronica 부인	예수님이 십자가를 지고 가실 때에 예수님의 얼굴에서 흘러내리는 피땀을 닦아 주었는데, 나중에 그 수건에 예수님의 모습이 새겨져 있었다고 합니다. [본받을 점] 사랑과 연민의 마음	7월 12일 (성녀)
	성 라트로 St. Latro, 우도(右盜) * 별칭: 성 디스마 (St. Dismas)	예수님과 함께 십자가에 달렸던 도둑으로, 자신의 죄를 뉘우치고 예수님께 기도함으로써 예수님과 함께 천국에 들어가는 행운을 얻었습니다. [본받을 점] 겸손과 지혜로움	3월 25일 (성인)
	아리마태아의 성 요셉 St. Joseph 예수님의 제자	비밀리에 예수님을 따라다닌 의회 의원이었고, 예수님께서 십자가에서 돌아가시자 빌라도에게 가서 시체를 내어 달라고 청하여 예수님 시신을 바위 무덤에 모셨습니다. [본받을 점] 믿음과 용기	3월 17일 (성인)

부록 - 알아봅시다

부활하신 예수님을 만났습니다

	이름	특 징	축 일
12과	**성녀 마리아 막달레나** St. Mary Magdalen 부인	예수님께서 막달레나에게 들어 있는 일곱 마귀를 쫓아 주자 예수님의 제자가 되었습니다. 주일 이른 아침 예수님 무덤에 갔다가 제일 먼저 부활하신 예수님을 만났으며, 부활하신 예수님을 제자들에게 가장 먼저 알린 사람(요한 20,11-18)입니다.	7월 22일 (성녀)
	성 클레오파스 St. Cleophas 예수님 제자	예수님께서 부활하신 후 엠마오로 가는 두 제자에게 나타나셨는데, 성 클레오파스(또는 글레오파)는 예수님을 만난 두 제자 중 한 사람(루카 24,18)입니다.	9월 25일 (성인)
	성 바르나바 St. Barnabas 사도	'성령과 믿음이 충만한 사람'(사도 11,24)으로 비록 예수님의 열두 제자는 아니지만 사도로 인정을 받았습니다. 자기 재산을 팔아 교회에 봉헌하였으며 바오로 사도와 선교 여행을 떠났고, 부활하신 예수님을 목숨을 걸고 전하다 돌에 맞아 순교하였습니다.	6월 11일 (성인)

교회를 넓히고 일치시키려 하였습니다

	이름	특 징	축 일
13과	**성 바오로** St. Paul 67년경 사도	처음에는 그리스도교를 박해하였으나, 부활하신 예수님을 체험한 후 이방인의 사도가 되어, 3차 전도 여행을 통해 그리스도교를 전파하다 순교하였습니다. 신약성경의 14편의 바오로 서간을 저술하였습니다. [행적] 전 세계로 교회를 퍼트림	6월 29일 (성인)
	성녀 헬레나 St. Helen 250?-330 황후	로마의 콘스탄티누스 황제의 어머니로, 로마가 그리스도교를 받아들이도록 왕을 설득하여 마침내 그리스도인들에 대한 박해가 끝나고 모든 사람들이 자유롭게 예수님을 믿게 되었습니다. [행적] 예수님을 믿는 자유를 얻게 함	8월 18일 (성녀)
	성녀 가타리나 St. Catherine 14세기 이탈리아의 시에나	도미니코회 제3회원으로 신비한 체험을 많이 하였고, 평화를 전하는 많은 일을 하였습니다. 로마를 떠나 있었던 교황좌를 로마로 돌아오게 하는 일에 큰 기여를 하였고, 교회가 갈라졌을 때 적극적으로 나서서 도왔습니다. [행적] 분열되어 있는 교회를 일치시킴	4월 29일 (성녀)

부록 - 알아봅시다

교회의 천상 가족인 대천사(大天使)

	이름	특 징	축 일
14과	미카엘 Michael	악과 맞서 싸우는 천사로, 구약과(다니 10,13 이하; 12,1), 신약에(유다 1,9; 묵시 12,7-9) 나옵니다. 천상 군대의 장수(장군), 악에 대한 신자들의 보호자, 특히 임종자의 수호자입니다. [이름의 뜻 상징] 누가 하느님 같은가/악랄한 용과 싸우는 칼	9월 29일 (천사)
	라파엘 Raphael	길을 안내해 주는 천사로, 구약의 토빗기에 나오며, 토비야와 사라를 위하여 하느님에 의해 파견되었습니다. '치유하는 천사'로 알려져 있고, 맹인, 여행하는 이의 수호천사입니다. [이름의 뜻 상징] 하느님께서 베푸시는 치유/길안내 지팡이	9월 29일 (천사)
	가브리엘 Gabriel	기쁜 소식을 전해 주는 천사로, 즈카르야에게 세례자 요한의 출생을 예고하였으며(루카 1,11-21), 예수님의 탄생을 마리아에게 알렸습니다(루카 1,26-38). [이름의 뜻 상징] 하느님의 권세/소식을 전함	9월 29일 (천사)

하느님의 계명을 지켰습니다

	이름	특 징	축 일
15과	성 유대철 베드로 St. 劉大喆 Peter 1826-1839, 한국	순교 성인 유진길(아우구스티누스)의 장남으로, 아버지의 신앙심을 닮아 박해 중에서도 배교(종교를 버림)하지 않고 온갖 압박에도 용감히 견디어 내어 주위 사람을 놀라게 했습니다. 13세의 어린 나이로 수많은 고문과 매를 맞고 옥에서 순교하였습니다. (1계명을 지키려다 순교함)	9월 20일 (성인)
	성 정하상 바오로 St. 丁夏祥 Paul 1795-1839 한국	그의 아버지는 정씨 가문에서 최초로 신앙을 받아들인 복자 정약종 아우구스티노로 1810년 맏아들인 복자 정철상 가롤로와 함께 순교하였고, 어머니인 성녀 유 체칠리아는 1839년 순교하였습니다. 아버지가 순교할 당시 겨우 일곱 살이던 그는 부모님이 물려주신 신앙에 충실하였고 배교의 엄명을 거절하고 여동생 성녀 정정혜 엘리사벳과 함께 굳건히 신앙을 지키다 순교하였습니다. (4계명을 지키며 8계명을 지키려다 순교함)	9월 20일 (성인)
	성 토마스 모어 St. Thomas More, 1477-1535, 영국	판사의 아들로 법률을 공부하여 법계에 진출하였고, 많은 책을 저술하였으며, 해박한 지식으로 많은 이들을 지도하였습니다. 하느님을 따르기 위해 왕에게 바른 말을 하여 왕의 미움을 받아 옥에 갇혔다가 사형을 받았습니다. (1계명을 지키려다 순교함)	6월 22일 (성인)

부록 - 알아봅시다

위대한 사랑을 실천하였습니다

	이름	특징	축일
16과	**성녀 데레사(마더)** St.Teresa(Mother) 1910-1997 인도의 콜카타	유고슬라비아 출생으로 수도회에 들어가 인도에서 아이들을 가르쳤으나, 거리에서 가난하게 죽어 가는 많은 이들을 위해 '사랑의 선교 수녀회'를 창립하여 한평생 가장 가난한 이들을 위해 살았으며, 1979년 노벨 평화상을 받았습니다. 2016년 시성되었습니다.	9월 5일 (성녀)
	이태석 요한 李泰錫 John 1962-2010 수단에서 활동	살레시오 수도회 신부이며 의사로, 수단의 선교사로 들어가 병원과 학교를 지어 전쟁으로 병들고 가난하고 어렵게 살아가는 사람들에게 웃음을 찾아 주기 위해 헌신적으로 봉사하며 살다가 암으로 세상을 떠났습니다.	1월 14일 (위인)
	성 다미안 St. Damien de Veuster 1840-1889 몰로카이에서 활동	벨기에 출생으로 수도회에 들어가 하와이 선교사로 자원하여 활동하였습니다. 나병(문둥병, 한센병) 환자들만 따로 사는 몰로카이 섬에 들어가 그들을 돌보며 치료해 주다가 나병이 옮았지만 멈추지 않고 돌보다 선종하였습니다.	5월 10일 (성인)

보이지 않은 하느님을 보여 주었습니다

	이름	특징	축일
17과	**성 크리스토포로** St. Christopher 3세기 소아시아에서 활동	사람들을 어깨에 업고 강을 건너다 주는 것이 직업이었습니다. 어느 날 아이 한 명을 업었는데 아주 무거워 힘들게 강을 건너 주었는데 그 아이가 알고 보니 바로 예수 그리스도셨습니다. 그래서 그의 이름이 크리스토포로('그리스도를 어깨에 업고 간다.'는 뜻)입니다. 우리도 보이지 않는 예수님을 늘 우리 어깨에 모시고 살아가야겠습니다.	7월 25일 (성인)
	성 아우구스티노 St. Augustine 354-430 북아프리카 히포에서 활동	어머니 성녀 모니카의 눈물과 기도로 회개하여 세례를 받고 초대 교회의 가장 위대한 주교, 교부, 교회학자, 영성가가 되었습니다. 자서전 '고백록'을 비롯하여 많은 책을 저술하였고, 특히 하느님의 보이지 않는 은총의 중요성을 강조하여 '은총의 박사'(Doctor Gratiae)라고 불립니다.	8월 28일 (성인)
	샤를 드 푸코 Charles de Foucauld 1858-1916년 사막에서 활동	숨은 생활을 사랑하여 사하라 사막의 깊은 곳으로 들어가 관상 생활을 하였고, 세상 안에서 가난한 이들에 대한 봉사를 통하여 보이지 않는 그리스도를 보여 주는 수도회를 창설하였습니다. '사막의 은수자'라고 불리며, 2022년 시성되었습니다.	12월 1일 (복자)

부록 - 알아봅시다

선구자가 되어 주었습니다

	이 름	특 징	축 일
18과	**성 요한(세례자)** St. John Baptist 1세기 이스라엘	사제 즈카르야와 엘리사벳 사이에서 탄생(루카 1장)하여 유다 광야에서 은수자로, 요르단 강에서 세례를 베풀며, 예수님께 세례를 주었습니다. 예수님이 오실 길을 미리 닦으며, 예수님을 맞이할 준비를 해 주었습니다.	6월 24일 (성인)
	성 김대건 안드레아 St. 金大建 Andrew 1821-1846 한국	신앙 깊은 순교자 집안에서 태어나 열심히 신앙생활을 하여 다른 두 명과 함께 마카오로 유학을 가게 되었습니다. 중국 상해에서 사제품을 받아 한국에 들어왔으나 곧 체포되어 서품을 받은 지 1년 만에 순교하였습니다. 한국인으로서 최초의 사제가 되었습니다.	7월 5일 (성인)
	성 베네딕토 St. Benedict 480-547 이탈리아	서방 수도 생활의 아버지로, 서방 최초의 수도원을 세우고 수도 규칙을 썼습니다. 오늘날 수도 생활과 수도 규칙의 기초를 놓았습니다.	7월 11일 (성인)

성체성사의 삶을 살았습니다

	이 름	특 징	축 일
19과	**성 요한 바오로 2세** St. John Paul II 1920-2005 폴란드 출신	교황에 선출되고 나서, 평화의 사도로 104개국을 돌아다니시며, 많은 사람들에게 예수님의 사랑을 전하였습니다. 1984년 한국에 오셔서 한국 천주교회 200주년 기념식과 한국 103위 순교자 시성식을 거행하였습니다. 성체성사의 섬기는 삶과 교회의 일치를 위해 일하다가 선종하였습니다.	10월 22일 (성인)
	김수환 스테파노 金壽煥 Stephen 1922-2009 한국	한국 최초의 추기경으로 시대의 등불이 되어서, 평생을 약자와 가난한 이들을 위해 일하였고, 우리나라의 민주화를 이루는 데 큰 역할을 하셨습니다. 국민에게 가장 존경받는 분이었고, 세상을 떠날 때 장기 기증을 하여, 우리나라에 생명 기증의 문화를 낳는 사랑과 나눔의 씨앗을 뿌렸습니다.	2월 16일 (위인)
	성 이냐시오 St. Ignatius 1세기 안티오키아	주교로, 40년 동안 교회를 다스리다가 박해 때 잡혀 맹수에게 물려서 죽는 형을 받았는데, 자신의 순교를 성체성사의 신비에 비유했습니다. [말씀] 나를 맹수의 먹이가 되게 버려 두십시오. 나는 하느님의 밀입니다. 나는 맹수의 이빨에 갈려서 그리스도의 깨끗한 빵이 될 것입니다.	10월 17일 (성인)

부록 - 알아봅시다

고해성사의 삶을 살았습니다

	이름	특징	축일
20과	성 스테파노 St. Stephen 1세기 이스라엘	사도들로부터 선발된 일곱 부제 중 한 명으로, 하느님의 은총과 성령의 힘을 가득히 받아 큰 기적을 많이 일으켰습니다. 예수님을 믿는 사람으로서 최초의 순교자로, 사람들에게 돌로 맞아 죽게 되었을 때 "주님 이 죄를 저 사람들에게 돌리지 마십시오." 하며 그들을 진심으로 용서하였습니다(사도 6-7장).	12월 26일 (성인)
	성 비안네 St. Vianney 1786-1859 프랑스의 아르스에서 활동	신학교에서 성적이 좋지 않아 퇴학까지 당했으나, 신앙과 성품이 좋아 사제 서품을 받게 되었습니다. 시골 본당에서 42년 동안 사제로 일하는 동안 수많은 사람들이 고해 성사를 받으러 와 하루 18시간 동안 고해성사를 주었습니다. '사제들의 수호성인', '본당 사제의 수호성인'으로 선포되었습니다.	8월 4일 (성인)
	성녀 파우스티나 St. Faustina 1905-1938 폴란드	가난한 농부의 딸로 수도원에 들어와 예수님의 많은 환시를 보게 되었습니다. 예수님으로부터 '하느님의 자비'에 대해 전하라는 사명을 받고 예수 성심에 대한 환시를 그림으로 그려 이를 널리 전하였습니다. '하느님의 자비'에 대한 예수님의 사도로 '하느님의 자비'를 증거하는 삶을 살았습니다.	10월 5일 (성녀)

병자들을 돌보았습니다

	이름	특징	축일
21과	성 블라시오 St. Blaise	316년경 아르메니아(Armenia)의 세바스테의 주교였습니다. 그가 병자들을 치유하고 야생 동물들을 보살펴 주는 것을 목격한 어떤 사냥꾼이 이를 고발하여 로마 박해 시대 때 붙잡혀 순교했습니다.	2월 3일 (성인)
	천주의 성 요한 St. John of God 1495-1550	20세에 부모님을 여의고 책 판매로 생계를 이어 가던 중 그라나다 지방으로 가면 예수를 볼 수 있을 것이라는 한 소년의 말을 듣고 그라나다로 떠납니다. 그곳에서 요한 데 아빌라 신부의 강론을 듣고 큰 깨달음을 얻습니다. 이후 자신의 소명이 아픈 이들을 돌보아 주는 것임을 알게 되었고, 헌신적으로 환자들을 돌보았습니다.	3월 8일 (성인)
	성 가밀로 St. Camillus de Lellis 1550-1614	이탈리아의 부키아니코(Bucchianico) 출신으로 병자들의 봉사회인 가밀로회의 창설자입니다. 성미가 급하여 제대로 되는 일이 없던 중 우연히 설교를 듣고 수도자가 되려고 했으나 다릿병 때문에 입회를 거절당했습니다. 그래서 자신을 극복하기 위해 병자들을 돌보는 봉사자가 됩니다. 이 일을 할 때 성 필립보 네리를 만나 사제가 되었고, 병원 사목을 전담하는 수도회를 창설합니다.	7월 14일 (성인)

부록 - 알아봅시다

순교로 신앙을 증거했습니다

	이름	특 징	축 일
22과	김범우 토마스 金範禹 Thomas 1751-1787 한국	김범우는 명례방에 있는 자신의 집을 신자들의 모임 장소로 제공하였습니다. 1785년 봄 '을사 추조 적발 사건'으로 양반 신자들은 훈방되었으나, 중인인 토마스만 투옥돼 심한 형벌을 받고 경남 밀양으로 유배되었습니다. 유배 도중 형벌의 여독으로 세상을 떠나 한국 교회의 첫 희생자가 되었습니다. 김범우 토마스의 집 자리에 지금의 명동 성당이 세워졌습니다.	첫 희생자 시복 추진 중
	브뤼기에르 Bruguiere 1792-1835	조선 선교에 박해와 죽음이 드리워져 있음을 알면서도 조선으로의 파견을 자원했던 브뤼기에르 주교는 1831년 9월 초대 조선 대목구장으로 임명되었습니다. 그는 3년 동안 중국 대륙을 횡단하며 조선 입국을 위해 갖은 노력을 다했으나 조선 입국을 눈앞에 두고 마가자(馬架子)의 한 교우촌에서 뇌일혈로 세상을 떠나게 됩니다. 조선에 파견한 선교사가 없다고 했던 수도회에 다음과 같은 말씀을 전하시며 선교를 자원합니다. [말씀] "이런 위험한 사업(조선 사목)을 기꺼이 맡고자 하는 신부가 누구이겠습니까? 제가 하겠습니다."	조선 초대 교구장
	최양업 토마스 崔良業 Thomas 1821-1861 한국	김대건 신부님과 함께 한국 최초의 신학생으로 중국에 유학을 가서 한국의 두 번째 사제가 되었습니다. 한국으로 돌아와서 숨어 살고 있는 여러 지방의 신자들을 찾아다니며 사목 활동을 하였습니다. 먼 길을 걸어 다니며 많은 일을 하셔서 과로로 길에서 죽음을 맞았기에, '땀의 순교자'라고 불립니다.	시복 추진 중

사회 정의를 위해 노력하였습니다

	이름	특 징	축 일
23과	성 오스카 로메로 St.Óscar Arnulfo Romero y Galdámez 1917-1980	군사 독재 정권에 대항하면서 가난한 이들과 독재자에게 핍박받는 이들의 대변인으로 활동하다가 1980년 미사 도중 암살당한 주교님입니다. 2018년 10월 프란치스코 교황에 의해 시성되었습니다. [말씀] "만일 그들이 나를 죽이면 나는 다시 엘살바도르 민중 속에서 솟아오를 것입니다."	3월 24일 (성인)
	아베 피에르 Abbe Pierre 1912-2007	1938년 프란치스코 재속 사제로 서품되어 사목 생활을 하였습니다. 제2차 대전 당시 레지스탕스 활동을 하면서 많은 유다인들을 피신시켰고, 1945년 하원의원으로 당선되어 빈민 활동을 활발히 하였습니다. [말씀] "굶주린 자는 빵을 갖게 하고 빵을 가진 자는 정의와 사랑에 굶주리게 하라."	1월 22일 (위인)

과별 성경 구절

과	성경 구절	과	성경 구절	과	성경 구절
1	시편 8,4-5 마태 6,25-34	2	창세 28,10-22 마르 10,13-16 요한 14,9	3	마태 18,20 마르 14,22-24
4	시편 119,105 로마 10,8	5	창세 1,1-2,4; 2,5-25	6	창세 2,5-25; 3,1-24
7	창세 12,1-5; 15,1-6 탈출 14,5-31	8	판관 16,4-30 2사무 11장 이사 42,1-4; 50,4-7	9	루카 1,26-38; 2,4-14
10	마태 5,1-12 요한 2,1-12 마르 1,9-1; 2,1-12 마태 8,28-34 루카 19,1-10	11	마르 14,32-42; 15,6-21. 42-47 루카 23,33-43. 44-49	12	마르 16,1-8 요한 20,24-29
13	사도 1,6-11; 2,1-13. 42-47	14	1코린 12,12-31 요한 19,25-27	15	탈출 19-20장
16	루카 10,29-37 마태 25,31-46	17	마태 26,26-30 요한 20,22-23; 16,12-13 마태 19,1-7 사도 13,1-3 마르 6,12-13	18	마르 16,9-11 요한 3,5
19	요한 6,1-13 1코린 11,23-25	20	루카 15,11-24	21	창세 2,21-24 1코린 11,24 요한 21,16 야고 5,14-15
22	2티모 4,7	23	마태오 25,31-40		"성경을 모르는 것은 그리스도를 모르는 것입니다." — 성 예로니모 —

부록 - 색인

가톨릭 용어

용어	뜻	나오는 곳
가두(街頭) 선교	거리에 나가 선교하는 것	20과
가톨릭	'보편적'이라는 뜻, 모든 사람에게 열려 있음	13과
간음	결혼한 사람이 자신의 배우자가 아닌 사람과 성적 관계를 맺음	14과
강복	하느님께서 복을 내려 주심	3과
겟세마니 동산	예수님께서 잡히시기 전 밤새워 기도하신 곳	10과
계명	우리가 살면서 지켜야 할 것	14과
공복재(공심재)	영성체 한 시간 전부터 음식을 먹지 않는 것	19과
교황	사도 베드로의 후계자, 교회의 으뜸	13과
교회	하느님 백성의 모임	12과
구세주	우리를 구원해 주시는 분	6과
구약	하느님과 이스라엘 백성 사이에 맺은 '옛 계약'	4과
구원	'죽음'에서 '생명'으로 이끌어 줌	1과
그리스도	기름부음 받은 자. 구세주. 메시아	11과
기도	하느님과의 대화	2과
대부모	세례 때 세우는 영적인 후견인	17과
레위인	이스라엘 백성의 12부족 중 사제가 될 수 있는 특별한 부족	15과
말씀 전례	하느님 말씀을 듣고 받아들이는 부분	3과
모령성체	대죄를 지었는데 고해성사를 받지 않고 영성체를 하는 것	19과
'미사'의 말 뜻	보내다, 파견하다	3과
보속	죄에 대한 벌을 대신함	18과
복음	기쁜 소식, 예수님께서 전해 준 하느님 말씀	4과
본죄	우리가 살아가면서 각자 짓는 죄	17과
부활	죽었다가 영원한 생명으로 다시 살아남	11과
'사도'의 말 뜻	보내진 사람, 파견된 사람	9과
사명	우리에게 맡겨진 임무, 우리가 꼭 해야 하는 것	20과
사제	제사를 지내는 사람으로 오늘날 신부를 말함	15과
삼위일체 하느님	하느님은 한 분이시나 삼위(성부, 성자, 성령)로 서로 사랑을 나누시는 공동체	1과
상징	보이지 않는 어떤 것을 생각나게 하는 물건	16과
선교	하느님의 말씀과 복음을 이웃에게 전하는 것	20과

성경	하느님의 말씀이 담긴 거룩한 책	4과
성령 강림일	예수님의 부활 50일째 성령이 하늘에서 내려오신 날, 교회 생일	13과
성사	보이지 않는 하느님의 은총을 보여 주는 표시	17과
성찬 전례	빵과 포도주를 성체와 성혈로 축성하고 받아 모시는 부분	3과
성찰	자신을 돌아보고 자신의 죄를 알아냄	19과
성체	예수님의 몸	20과
성탄	예수님께서 태어나신 날, 12월 25일	9과
성혈	예수님의 피	20과
성호경	삼위일체 하느님에 대한 신앙을 고백하며 십자가를 그으면서 바치는 기도	1과
세례명(본명)	세례 때 받는 이름. 천사, 성인성녀 이름이나 어떤 의미를 따서 지음	18과
수난	예수님께서 당한 고난	11과
순교	신앙을 지키다가 목숨을 바치는 것	22과
순명	말씀을 어기지 않고 그대로 행하는 것	9과
승천	땅에서 하늘로 오름	13과
신약	예수님을 통하여 하느님과 온 인류가 맺은 '새 계약'	4과
십계명	모세를 통해 이스라엘 백성에게 내려 준 10가지 계명	15과
십자가	구원의 표지	11과
십자고상	십자가에 매달린 예수님의 고통이 담긴 형상(形象)	11과
아멘	"그렇게 되기를 바랍니다."라는 뜻	1과
아브라함	이스라엘 민족의 조상, 믿음의 조상	7과
안식일	이스라엘 민족이 한 주간 중 하느님께 전적으로 바치기로 정한 날(토요일)	12과
알렐루야	'하느님을 찬미하라'는 뜻	12과
야곱	이사악의 아들로 '이스라엘'이라고 불림	7과
양심	착한 일과 나쁜 일을 판단하는 마음	6과
연옥	천국에 들어가기 위해 단련을 받는 곳	14과
영성체	예수님의 몸과 피를 받아 모시는 것	20과
예수님의 새 계명	'서로 사랑하라'는 '사랑의 계명'	16과
우상	나무, 돌, 쇠 등으로 만들어 사람이 숭배하는 상	15과
원죄	첫 사람(아담과 하와)의 교만으로 하느님께 저지른 죄	6과
은총	하느님께서 우리에게 거저 주시는 선물	17과
이스라엘 백성	히브리인, 야곱의 열두 아들의 후손	7과

부록 - 색인

용어	설명	과
인호(印號)	한 번 받으면 지워지지 않는 영혼의 도장	17과
자유	내 마음대로 하는 것이 아니라 하느님께서 원하시는 것을 함	6과
정의	참되고 올바른 것	10과
죄	나를 하느님과 이웃과 멀어지게 하는 것	19과
주교	사도들의 후계자, 교구를 돌봄	14과
주보성인(수호성인)	세례명으로 가지게 되는 성인	18과
주보축일(영명축일)	세례명의 성인 축일(주보성인이 돌아가신 날)	18과
주일	주님의 날. 예수님께서 부활하신 날	12과
착한 사마리아인	강도를 만난 이웃에게 사랑을 실천한 사람	16과
창조물(피조물)	하느님께서 만드신 모든 것	5과
창조주	하느님 아버지	5과
천주교(天主敎)	가톨릭, 삼위일체(천주)를 믿는 종교	22과
축복	하느님의 복이 내리기를 비는 행위	2과
칠(7)의 의미	부족함이 없음	5과
'크리스마스'(Christmas)의 말 뜻	그리스도(Christ)의 미사(Mass)	9과
통공(通功)	공로(노력과 수고)가 서로 통함	14과
통회	자신이 저지른 죄를 뉘우침	19과
파견	임무를 맡겨 세상에 보냄	3과
파스카(Pascha)	'거르고 지나가다'라는 뜻으로 해방(구원)되었음을 말함	7과
판공성사	성탄과 부활 전에 꼭 받아야 하는 고해성사	19과
표지	다른 것과 구별하게 하는 표시나 특징	17과
하느님 나라	하느님의 사랑과 정의로 다스려지는 행복한 나라	10과
해방	묶인 것에서 풀려남, 얽매인 것에서 자유로워짐	7과
화살기도	순간적으로 화살처럼 짧게 쏘아 올리는 기도	2과
흠숭	하느님께만 드리는 최고의 공경	15과